FLY & CAMP TRÄUME

Werner und Susanne Schwanfelder

MIT DEM WOHNMOBIL DURCH AUSTRALIEN

FLY & CAMP TRÄUME

Werner und Susanne Schwanfelder

MIT DEM WOHNMOBIL DURCH AUSTRALIEN

Drei Brunnen Verlag GmbH & Co., Stuttgart

Einband und Layout:
Jürgen Reichert
Gestaltung: Emmerich Müller
Karten: Bernd Matthes
Fotos: Werner Schwanfelder

Die Deutsche Bibliothek –
CIP-Einheitsaufnahme

Schwanfelder, Werner:
Mit dem Wohnmobil durch Australien /
Werner und Susanne Schwanfelder. –
Stuttgart : Drei Brunnen-Verl., 1992
(Fly- & Camp-Träume)
ISBN 3-7956-0220-3
NE: Schwanfelder, Susanne:

ISBN 3-7956-0220-3

1. Auflage 1992

Alle Rechte dieser Ausgabe vorbehalten
© 1992 by Drei Brunnen Verlag GmbH & Co.
Stuttgart, Friedhofstr. 11
Satz: Typobauer Filmsatz GmbH,
7302 Ostfildern 3
Druck: Offsetdruckerei Karl Grammlich,
7401 Pliezhausen
Bindearbeiten: Josef Spinner, 7583 Otters-
weier/Baden

Inhalt

Deutschland zum Vergleich

Indischer   O z e a n

Cape York

Kakadu-Nat.Pk.
Darwin   Jabiru
Katherine
Mataranka
Northern Territory
Daly Waters

Derby

Broome

Port Hedland

Gibson Desert

Wendekreis des Steinbocks

Tennant Creek
Devils   Marbles
Barrow Creek

Camooweal
Barkly Highway
Cloncurry
Mt.Isa   Julia Creek

Alice Springs

Uluru Nat.Pk.
Yulara
Ayers Rock
(Uluru)
Erldunda

Stuart Highway

Mossman
Cooktown
Port Douglas
Cairns
Atherton Tableland
Magnetic Island
Townsville
Shute Harbour
Bowen
Proserpine
Hughenden   Mackay

Südlicher Wendekreis

Rockhampton
Gladstone
Bundaberg
Fraser Island Nat.P.
Maryboroug

Simpson Desert

Western Australia

South Australia   Lake Eyre

Queensland
Ausschnitt der Karte rechts

Brisband
Surfers
Paradise
Grafton

Geraldton

Kalgoorlie

Coober Pedy

Nullarbor   Woomera

Flinders Ranges

Port Augusta

Perth

Bunbury

Esperance

Albany

Port Pirie

Adelaide
Murray Bridge

Clare Valley
Barossa Valley

Mildura

Bendigo

New South Wales

Australian
Capital Territory
Canberra

Port Macquari
Taree

Newcastle

Sydney
Wollongong
Kiama

Süd - Ozean

Mount Gambier   Grampians Nat.Pk.

Warrnambool
Melbourne

Victoria

Eden

Lakes Entrance
Wilson's Promontory N.P.

*Tasmanisches
Meer*

Bass-Straße

Great Barrier Reef

Die Reiseroute auf einen Blick:

In die Landeshauptstadt Canberra
1. (Halb)tag: Sydney bis Kiama: **131 km**
2. Tag: Kiama bis Canberra: **241 km**

Der Hauptstadtkompromiss: Canberra
2. Tag nachmittags
3. Tag vormittags

Ins industrielle Zentrum Melbourne
3. Tag: Canberra bis Eden: **288 km**
4. Tag: Eden bis Seaspray: **416 km**
5. Tag: Seaspray bis Tidal River (Wilson Promontory National Park): **210 km**
6. Tag: Tidal River bis Newhaven (Phillip Island): **212 km**

Melbourne, der zweite Sieger
7. Tag: Newhaven bis Melbourne: **110 km**
Besichtigung von Melbourne

Zwischen Gold und Wein
zusätzlicher Tagesausflug:
Geelong – Ballarat – Daylesford – Bendigo – Maryborough – Creswick – Ballarat – Geelong ca. **410 km**

Viel Natur nach Adelaide
8. Tag: Melbourne/Geelong bis Warrnambool: **359 km**
9. Tag: Warrnambool bis Halls Gap/Zumstein: **190 km**
10. Tag: Halls Gap bis Tailem Bend (Murray River): **522 km**

11. Tag: Tailem Bend bis Adelaide: **99 km**

Adelaide, Hauptstadt am Rande des Outback
11. Tag: Besichtigung von Adelaide

Die Weinberge des Barossa Valley
12. Tag: Von Adelaide nach Port Augusta mit Abstecher in das Barossa und in das Clare Valley

The Track, erster Teil: *Von Port Augusta ins rote Herz Australiens*
13. Tag: Port Augusta bis Coober Pedy: **546 km**
14. Tag: (vormittags Besichtigung von Coober Pedy) Coober Pedy bis Erldunda: **485 km**
15. Tag: Erldunda bis Yulara: **265 km** (nachmittags Uluru National Park)
16. Tag: (vormittags Uluru National Park) Yulara bis Alice Springs: **465 km**

The Track, zweiter Teil: *Von Alice Springs bis Darwin*
17. Tag: Alice Springs bis Tennant Creek: **504 km**
18. Tag, bzw. 18+1. Tag: Tennant Creek bis Mataranka: **562 km**
18+2.: Mataranka bis Darwin: **415 km**

Kakadu National Park, zurück zu den Urzeiten
18+3.: Darwin bis Jabiru: **251 km**
18+4.: Kakadu National Park
18+5. und 18+6. Tag: Rückfahrt nach Three Ways zum Barkly Hwy.

Die einsamste Straße der Welt
18. bis 20. Tag: Barkly Hwy. bis Townsville
21. Tag: Townsville bis Mossman

Im hohen Norden von Queensland:
Von Mossman/Port Douglas bis Makkay

22. Tag: Mossman/Port Douglas bis Cairns: **76 km**
23. Tag: Besichtigung des Great Barrier Reef
24. Tag: Ausflug nach Kuranda und ins Atherton Tableland: **250 km**
25. Tag: Cairns bis Townsville: **374 km**
26. Tag: Townsville und Magnetic Island
27. Tag: Townsville bis Mackay: **405 km**

Das Great Barrier Reef

Südliches Queensland: *Von Mackay bis Brisbane*
28. Tag: Mackay bis Rockhampton: **349 km**
29. Tag: Rockhampton bis Noosa Heads: **560 km**
30. Tag: Noosa Heads bis Brisbane: **122 km**

Brisbane, liebenswerte Hauptstadt Queenslands
30. Tag: Besichtigung von Brisbane

Strände und Vergnügen – von Brisbane nach Sydney
31. Tag: Brisbane bis Evans Head: **286 km**
32. Tag: Evans Head bis Lake Cathie (Port Macquarie): **370 km**
33. Tag: Lake Cathie bis Katoomba (Blue Mountains): **524 km**
34. Tag: Katoomba bis Sydney: **115 km**

Sydney, die aufregende Stadt

Gesamte Strecke: ca. 10 200 km zuzüglich der km für Besichtigungen und Stadtrundfahren.

Zur Einstimmung

Es fällt nicht schwer, sich vorzustellen, daß Australien ein faszinierendes Land sein muß. Da hat man mit Gewißheit schon den Ayers Rock gesehen, Begriffe wie Outback und Great Barrier Reef gehört. Aber darüber hinaus? Schon auf die Frage, wie wohl die Hauptstadt Australiens heiße, beginnen viele zu stottern. Verständlich vielleicht, da Australien sich nicht häufig in den Schlagzeilen der Weltpresse wiederfindet. „Downunder", so nennt man sich, Antipoden sagt die Wissenschaft dazu; beides drückt aus, daß Australien weit weg ist. Es ist ein Kontinent der Kontraste, ausgestattet mit vielfältigen und bezaubernden Landschaften zwischen Meer und Wüste, vom Korallenriff bis zu schneebedeckten Bergen, vom sonnenverwöhnten Sandstrand bis zum einsamsten Felsen in der Wüste. Dieser Kontinent ist acht Millionen Quadratkilometer groß, gilt damit nach Brasilien als das sechstgrößte Land der Erde, in dem nur 15 Millionen Menschen leben, gerade eben so viel wie in der Metropole São Paulo. In dem Land der Kontraste gibt es menschenvolle Sandstrände, wo sich der jetset tummelt, einsame Bauerngehöfte, die nur durch die Luft zu erreichen sind, Nationalparks mit einer einzigartigen Tier- und Pflanzenwelt, gut ausgebaute Highways, die geradlinig das Outback durchschneiden, einsame palmenumsäumte Strände, die nur wenigen Menschen bekannt sind, Staubstraßen, die höchste Anforderungen an Menschen und Fahrzeug stellen und sogar weite Schneeflächen, auf denen sich die Skifahrer der Nation tummeln. Aus dieser Vielfalt muß man als Besucher auswählen, wobei „wählen" zunächst einmal „wissen" heißt. Dieses Buch soll die Leser durch eine fremde Welt der Kontraste führen, einiges an Wissen, viel mehr an Erfahrungen vermitteln. Es soll kein Reiseführer sein, sondern eher ein Reiseverführer. Vielleicht kann man es auch mit einem Kochbuch vergleichen mit ausgewählten Rezepten, die wir für den Leser bereits „vorgeschmeckt" haben. Wir hoffen, daß der Australienaufenthalt ein Erlebnis wird, wenn er nach unseren Rezepturen zusammengestellt wurde. Wir beschreiben, wie man Australien erleben kann (nicht muß), wir geben Hinweise, wie man leichter und ohne Probleme an das Ziel kommt, wir haben ganz einfach etwas vorgeplant. Das entbindet den Leser aber nicht, die größte Offenheit für dieses Land mitzubringen, den Mut zu besitzen, vorurteilsfrei hinzuhören und sich die Freiheit zu nehmen, sich dem Land auszuliefern. Willkommen in downunder.

Im Camper läßt es sich bequem leben und arbeiten.

Rechtzeitige Planung

Die Reise nach Australien kommt teuer und ist so leicht nicht wiederholbar – ein Grund, rechtzeitig und umfassend zu planen. Nichts, was zuvor geplant werden kann, soll dem Zufall überlassen bleiben, alles soll in das enge Reisegerüst passen. Es muß nicht sein, daß

Die richtige Vorbereitung

man später sklavisch an die eigenen Pläne gebunden ist. Es gibt viele willkommene Gelegenheiten, die Pläne zu vergessen und der Verführung des Augenblicks zu erliegen. Dies kann man sich getrost erlauben, wenn die Reise „felsenfest steht".

Richtige Reisezeit

Für eine Rundreise in Australien ist jede Jahreszeit die richtige Reisezeit. Dennoch sind unterschiedliche Schwerpunkte zu setzen. Zunächst ist zu bedenken, daß die australischen Jahreszeiten zu den europäischen gerade gegensätzlich sind. Verläßt man also zur Weihnachtszeit bei schneekaltem Wetter Deutschland, landet man genau im sonnigheißen australischen Som-

Mit dem Camper reist man frei durch das weite Land.

mer, eine willkommene Möglichkeit, dem deutschen Winter zu entkommen. Auf die Weihnachtszeit fallen aber auch die australischen Schulferien; es ist Saison. Die Campingplätze sind vielfach überfüllt, auf den Straßen tummeln sich mehr Camper als sonst und sogar an den Stränden wimmelt es von Sonnenanbetern, wobei letzteres nicht unbedingt stört, schließlich teilen sich nur 15 Millionen Australier und vielleicht 3 Millionen Besucher die über 36 000 Küstenkilometer.

Im Norden ist das Klima tropisch, das ganze Jahr herrscht eine mehr oder weniger gleichmäßige Temperatur um die 30° C. Es ist aus dieser Sicht vollkommen gleichgültig, zu welcher Jahreszeit man Darwin oder Cairns besucht. Der australische Sommer ist aber gleichzeitig Regenzeit, während sintflutartige Regenfälle viele Straßen unter Wasser setzen. Flutmeßstäbe an den Straßen zeigen das Ausmaß der Überschwemmung an und man kann überlegen, bei welchem Wasserstand man es noch wagt, die zur Furt gewordene Straße zu passieren. Aber gegen die Regenzeit spricht noch mehr: In den Sümpfen sind die Krokodile aktiver als sonst, die Mosquitos werden zur regelrechten Plage und an den tropischen Stränden lauert der jellyfish, auch stinger genannt, eine Qualle mit bis zu einem Meter langen durchsichtigen Fangarmen. Eine Berührung verursacht Verbrennungen dritten Grades und kann durch die Lähmungsgifte der Qualle zum Herzstillstand führen. Meerbaden ist zu dieser Zeit im tropischen Norden Australiens nicht zu empfehlen.

In Alice Springs ist es im australischen Sommer sehr heiß; man muß mit 37° C bis 42° C rechnen. Im Winter ist es mit 20° C schon wesentlich angenehmer; da macht es sogar Spaß, den Ayers Rock zu besteigen.

Dagegen kann es im Süden (Adelaide und Melbourne) im Winter recht kühl werden (15° C) und an Baden ist nicht zu denken (Wassertemperatur 12° C). Der Sommer mit seinen satten 30° C läßt im Süden dagegen die Lebensgeister so richtig aufwachen.

In Sydney schließlich hat man zu allen Zeiten angenehmes Klima. Die Stadt rühmt sich, nicht ganz ohne Übertreibung, das idealste Klima der Welt zu besitzen.

Für eine Rundreise bietet Australien also immer die richtige Jahreszeit, wenngleich man seine Schwerpunkte unterschiedlich setzen sollte: Im Sommer bereist man besser den Süden, im Winter zieht man den Norden vor, im Frühling und Herbst gibt es keinerlei Einschränkungen.

Wir haben die Reise während der deutschen Schulferien im Sommer unternommen und fanden die Temperaturen wunderbar.

Wieviel Zeit benötigt man für den Aufenthalt?

Man muß sich damit abfinden, daß man das Land nicht auf einer Reise vollständig kennenlernen kann. Daher ist man genötigt auszuwählen. Wir weisen auf die Ziele hin, die man unbedingt besuchen „muß", erwähnen aber auch andere, die man sich auch durchaus für den Zweitbesuch aufheben könnte. Fünf Wochen muß man für die Tour, wie wir sie vorschlagen, unbedingt einplanen. Hat man weniger Zeit, sollte man die Route rigoros kürzen. Weniger ist manchmal mehr.

Welches Fahrzeug wählt man?

Man hat die Qual der Wahl. Flugzeug, Eisenbahn, Schiff, Auto. Wir haben uns für den Camper entschieden, weil wir dies für die „freieste" Art des Reisens halten. Man muß die Übernachtungen nicht vorbuchen, man kann mit einem Rahmenplan losfahren und den letztendlichen Fahrplan immer vor Ort festlegen, einmal länger bleiben, einmal zügiger weiterziehen. Zudem gibt es in Australien eine Fülle von Campingplätzen und die Selbstversorgung ist einfach und bequem. Es gibt eine ausreichende Anzahl von Verleihfirmen, die verschiedenste Fahrzeuge anbieten. Wir hatten uns für ein 21-feet-Motorhome entschieden, das für sechs Personen ausgelegt war. Wir folgten damit der alten Regel, daß es besser sei, ein größeres als ein zu kleines Wohnmobil zu mieten. Die Straßen in Australien sind im Allgemeinen breit, die Campingplätze weitläufig, die Abmaße des Fahrzeugs fallen nicht so sehr ins Gewicht. Als vierköpfige Familie fanden wir es in unserem Camper richtig gemütlich. Eine andere Möglichkeit ist aber durchaus auch die Anmietung eines Pkw. Auf allen Campingplätzen kann man in voll ausgerüsteten „cabins" übernachten.

Welche Route wählt man?

So schwierig ist die Frage nicht zu beantworten: Entschließt man sich zu einer Rundreise, bieten sich die Westroute (Perth) und die Ostroute (Sydney) an. Bezeichnenderweise entscheiden sich über 90 Prozent aller Reisenden für die Ostroute. Sie folgt der Ostküste, der Südküste, durchquert das Land auf dem Stuart Highway und folgt dem Barkley Highway wieder zur Ostküste. Nicht die Route selbst ist also die zu diskutierende Frage, sondern der geeignete Start für die Rundreise.

Das richtet sich zunächst nach der Fluggesellschaft, mit der man fliegen will und den entsprechenden Flugplänen. In Frage kommen Quantas, Lufthansa und Singapore Airlines, alles renommierte Fluglinien. Unsere persönliche Vorliebe, nicht nur des Preises wegen, gilt jedoch der Singapore Airlines, so daß wir uns dafür entschieden. Hinzu kommt, daß wir die günstigen Konditionen für einen stop-over in Singapur ausnutzen wollten. Im Tarifgeflecht der Quantas beeindruckt, daß ein kostenloser Inlandsflug enthalten ist. Man könnte also die langweilige und zeitaufwendige Strecke Darwin-Cairns mit dem Flugzeug überbrücken. Als Alternative dazu gibt es einen sogenannten Gabelflug, zum Beispiel Frankfurt-Darwin und zurück Cairns-Frankfurt.

Es kommt sehr darauf an, wie die Flüge mit den Bedingungen der Camperverleihfirmen übereinstimmen. Ein-Weg-Mieten sind bei allen Verleihern möglich, sogar ohne Aufpreis. Zu beachten ist nur, daß vielleicht nicht in allen Städten Mietstationen des Verleihers sind.

Wir haben dieses Puzzle ausführlich gespielt und uns letztendlich für die einfachste Variante entschieden: End- und Zielort ist Sydney. Die australische Metropole hat die attraktivsten Flugverbindungen, die eine flexible Routenplanung erlauben. Und wir haben uns auch zu einer Rundtour entschlossen, weil wir somit die Koffer beim Vermieter deponieren konnten.

Die letzte Überlegung besteht schließlich darin, rechtzeitig zu buchen, sonst

sind insbesondere die günstigen Flüge
bereits ausgebucht.

Wann sollte man buchen?

Möglichst frühzeitig, d.h. sobald die
Prospekte der Veranstalter veröffent-
licht wurden. Wir haben die Planung
aufgrund der Vorjahresprogramme begonnen und dann sofort nach Erschei-
nung der neuen Programme (also im Januar) gebucht. Bereits zu diesem Zeitpunkt war jedoch der von uns ge-
wünschte Flug ausgebucht. Wir mußten
auf einen alternativen Flugtermin aus-
weichen.

Wie bereitet man sich auf die Reise
vor?

Es gibt über Australien eine Menge Reiseführer. Im Informationsteil sind die
aufgeführt, die wir empfehlen können.
Daneben bieten verschiedene australische Informationsstellen eine bunte
Vielfalt von Broschüren. Sie sind zwar,
gemäß amerikanischen Vorbildern, in
erster Linie Werbeträger, aber wenn
man sich an ihre etwas plakative Art
gewöhnt hat, kann man den Broschüren viele aktuelle Informationen ent-
nehmen. Unterlagen für die Reisepla-
nung bieten zudem die einzelnen Reiseveranstalter.
Wirklich gute und brauchbare Informationen erhält man aber erst im Land.
Hierzu zählen auch die Landkarten des
australischen Automobilclubs. In jedem Ort gibt es ein Informationsbüro,
gekennzeichnet durch ein weißes I auf
blauem Grund. Es ist stets übersichtlich
ausgeschildert, so daß man den Weg
ohne alle Probleme findet. (Daher ha-

*Den schönsten
Blick auf Sydney
hat man vom Flug-
zeug.*

14

ben wir auch darauf verzichtet, die Adressen anzugeben.) In den Informationsbüros findet man ausführliches Prospektmaterial über die Region, so auch über die folgende Etappe.

Mit dem Camper durch Australien

In Australien schätzt man Unabhängigkeit und Freiheit. Das Campingauto eignet sich bestens für einen Urlaub „ohne Einschränkungen". So hat sich in Australien der Urlaub mit dem Camper oder mit dem Caravan weitgehend durchgesetzt.

In allen Bundesstaaten können gut ausgestattete Camper und Motorhomes gemietet werden. (Camper haben 2 bis 3 Betten, Motorhomes 4 bis 6 Betten.)

Die Preise sind abhängig von Reisedauer, Jahreszeit und Art des Fahrzeugs. Sonderangebote gibt es, wenn man einen Camper länger als einen Monat bucht. Da viele Australier für ihre Ferien ein Campingfahrzeug mieten, ist man gut beraten, insbesondere in der Hauptsaison (Weihnachtsferien), rechtzeitig einen Camper zu reservieren. (Die wichtigsten australischen Verleihfirmen sind: Apollo Campervans, Budget Campervans, Koala Campers, Newmans und Sunseeker Caravans.)

Die Australier mieten ihren Camper natürlich direkt bei den Verleihfirmen, was auch der ausländische Tourist machen kann. Aber einfacher ist es in jedem Fall, über einen deutschen Veranstalter zu buchen. Die Kommunikation ist problemlos, Mißverständnisse lassen sich weitgehend vermeiden. Da die Veranstalter meistens von den Verleihfirmen größere Kontingente abnehmen, erzielen sie Preisvorteile, die sie zum Teil an ihre Kunden weitergeben. Und schließlich unterliegt ein Vertrag mit einem deutschen Veranstalter dem deutschen Reiserecht, das die Pflichten und Rechte beider Parteien eindeutig definiert.

Es gibt große Reiseveranstalter, die viele Ziele rund um die Welt anbieten, aber es gibt auch Spezialveranstalter, die besonders große Erfahrung in Australien haben. Hat man Sonderwünsche, möchte man besondere landeskundliche Beratung, ist man bei Spezialveranstaltern besser aufgehoben. Sie sind eher bereit, ein maßgeschneidertes Angebot zu machen. Die großen Reiseveranstalter bieten bewährte Arrangements „von der Stange". Die Buchung erfolgt ausschließlich über ein Reisebüro. Somit ist man von der Beratungsqualität der Reisebüromitarbeiter abhängig.

(Adressen im Infoteil)

Camper und Motorhomes sind komfortabel ausgestattet, wobei die Camper aus Platzgründen meistens keine Toilette haben, die Motorhomes dagegen über eine separate Toiletten- und Duscheinheit verfügen. Kühlschrank, Spüle, Gasherd und Grill, (vereinzelt Mikrowelle), Kleiderschrank, Frisch- und Abwassertank sind selbstverständlich. Unbedingt muß auf eine Klimaanlage geachtet werden, die zumindest über Stromanschluß funktioniert. Einschränkend ist allerdings festzustellen, daß die Verarbeitung der Ausstattung nicht unbedingt dem deutschen Qualitätsstandard entspricht. Das verwendete Material (zum Beispiel Griffleisten) ist nicht sehr strapazierfähig.

Im allgemeinen übernimmt man das bestellte Fahrzeug im Mietwagendepot. Die Transferkosten vom Flughafen sind im Mietpreis eingeschlossen. Bei der Übernahme wird das Fahrzeug mit seiner Einrichtung ausführlich erklärt.

Hat man die eine oder andere Einzelheit vergessen, so kann man diese aber noch später in den Fahrzeugunterlagen nachlesen. In einem Protokoll werden alle bestehenden Schäden (Kratzer und Schrammen) des Fahrzeugs aufgenommen, so daß man Gewähr hat, auch nur für die selbst verursachten Schäden gerade stehen zu müssen. Man sollte darauf achten, daß die Reifen (und der Ersatzreifen) in gutem Zustand sind. Weiterhin sollte die Gasflasche gefüllt und ausreichend Sanitärflüssigkeit für die Toilette vorhanden sein.

Für die Übernahme des Fahrzeugs muß man mindestens zwei Stunden Zeit einplanen.

Die Mietkosten werden vor Fahrzeugübernahme im voraus an den Veranstalter gezahlt. Beim Vermieter muß noch eine Kaution von in der Regel A$ 500 hinterlegt werden. Sie wird zurückerstattet, sofern die Mietkonditionen eingehalten wurden.

Der Mietpreis ist im allgemeinen ein Tagespreis. Enthalten ist die vertragsgemäße Nutzung des Fahrzeugs (Manche Vermieter schließen Reisen ins Outback und Fahrten auf unbefestigten Straßen aus, bzw. verlangen hierfür einen Zuschlag.), unbegrenzte Freikilometer, Steuern und die Fahrzeugausstattung. Hinzu kommt die Versicherung CDW, die jeweils je Tag verrechnet wird. Die Versicherung CDW beinhaltet einen Selbstbehalt von A$ 500, der durch eine weitere Zusatzversicherung gedeckt werden kann. Dieser Betrag wird vom Vermieter vor Ort erhoben. Nicht versichert werden können Schäden an der Windschutzscheibe, an Reifen, am Unterboden und am Dachaufbau des Fahrzeugs.

Nach Beendigung der vereinbarten Mietdauer gibt man das Fahrzeug wieder im Mietwagendepot ab. Der Camper ist im allgemeinen „besenrein" zu übergeben; für einen Betrag von A$ 70 übernimmt auch der Vermieter die Endreinigung. Das Fahrzeug wird auf Schäden hin untersucht; ein verursachter Schaden wird mit dem hinterlegten Betrag verrechnet, der Rest der Kaution ausgehändigt. Auch für die Abgabe des Fahrzeugs sollte man mindestens zwei Stunden rechnen. Schließlich müssen auch die Koffer wieder gepackt werden.

Eine Empfehlung kann selbstverständlich immer nur für die Firmen ausgesprochen werden, mit denen man entsprechend gute Erfahrungen gemacht hat. Wir können dies für die Firmen, deren Leistungen wir gebucht haben, ohne Einschränkung machen. Als Fluglinie wählten wir *Singapore Airlines*, die nicht nur den billigsten Flug bot, sondern auch das attraktivste stopover-Angebot hatte. Die Betreuung an Bord war ausgezeichnet und charmant. Den Camper mieteten wir bei *Koala Campers*, einem der größten Campervermieter in Australien. Er verfügt über 100 Fahrzeuge, die an 7 Filialen übernommen werden können. Die Fahrzeuge sind bis zu zwei Jahre alt und werden regelmäßig gewartet. Das ganze Leistungspaket buchten wir bei einem deutschen Spezialveranstalter, dem *Global Transport Touristik Service* (Dieselstr. 27, 6367 Karben 1, Tel.: 06039/43011), einem Spezialveranstalter für Camperreisen mit großer Erfahrung in Australien. Bald nach Buchung erhielten wir ausführliche Reiseunterlagen für die Planung der Fahrtroute.

Das Campingleben ist in Australien äußerst populär. In der mobilen australischen Gesellschaft leben sogar viele

Das Singing Ship, eine klingende stählerne Harfe soll an die Landnahme durch die Engländer erinnern.

Menschen, insbesondere in den Städten, ständig auf Campingplätzen. Für durchreisende Touristen bleiben oftmals nur noch wenige Plätze frei. Insgesamt gesehen gibt es aber ausreichend Campingplätze. In der Hauptreisezeit (Weihnachten) empfiehlt es sich vorauszubuchen. Die Campingplätze befinden sich in der Nähe der Hauptse-

henswürdigkeiten sowie in den landschaftlich attraktivsten Regionen. Die Besichtigung der Städte hingegen ist von Campingplätzen aus etwas umständlich, da die meisten Plätze in den Stadtrandgebieten liegen und nicht immer an das öffentliche Nahverkehrsnetz angeschlossen sind. Die Ausstattung ist von Platz zu Platz unterschiedlich, jedoch meistens sehr komfortabel und gepflegt. Die Platzgebühren betragen für zwei Personen im Tag zwischen 7 und 15 A$. Auf allen Campingplätzen kann man auch voll eingerichtete „cabins" mieten. Sie kosten zwischen 25 und 35 A$.

Wichtige Planungshilfe ist das *Caravan & Camping Directory*, herausgegeben vom *NRMA* (National Roads & Motorists Association, 151 Clarence Street, Sydney, Tel.: 02/2609222). In diesem Campingführer sind die meisten Campingplätze beschrieben. Sie sind nach Bundesstaaten und Städten geordnet. Den Campingführer erhält man neben vielfältigem Kartenmaterial vom Campervermieter.

Der Campervermieter kennt den nächsten günstigen Supermarkt, in dem man die Grundausstattung einkaufen kann. Am besten bereitet man schon zuhause eine Einkaufsliste vor, um nichts zu vergessen. Es gibt im ganzen Land ausreichend Supermärkte, in denen man seinen täglichen Bedarf ausgezeichnet decken kann. Die bekanntesten Ketten sind Coles und Safeway.

In Supermärkten werden im allgemeinen keine Alkoholika verkauft; man erhält diese in sogenannten bottle shops. Bier wird in Dosen verkauft, (ausgezeichneten) Wein in vier bis fünf Liter fassenden Pappkartons mit eingebautem Zapfhahn, die sich im Camper ohne Schwierigkeiten verstauen lassen.

Australien, so nimmt man heute an, war bereits vor über 40 000 Jahren besiedelt. Die Aborigines lebten in dem Land und mit dem Land in harmonischer Übereinstimmung. Unruhe brachten die Entdecker, und damit beginnt auch die „australische" Geschichte.

Die ersten Entdecker tauchten bereits

eschichtlicher Streifzug

600 v. Chr. an den australischen Küsten auf. Das waren insbesondere Chinesen, aber auch arabische und jüdische Händler. Sie blieben nicht lange, uninteressant erschien ihnen der australische Kontinent.

Die ersten europäischen Entdecker stießen auf die große Insel erst viel später: 1503 der Franzose Paulmier de Gonneville, 1506 der Italiener Ludovico di Varthema. 1522 folgten mehrere portugiesische Seefahrer. So richtig begeistern konnte sich für das Eiland aber niemand. Es wurde jedenfalls nicht, wie das damals üblich war, mit markigen Sprüchen in Besitz genommen und besiedelt.

1595 versuchten die Holländer auf der Insel ihr Kolonialglück. Sie unternahmen erste zaghafte Versuche, Handelsstützpunkte einzurichten. Bald nannte man daher die westaustralische Küste

Känguruhs sind possierlich anzusehen.

19

Hollandia Nova. Aber die Begeisterung der Holländer für das Känguruhland hielt nicht lange vor.

1622 kreuzte der erste englische Kapitän in australischen Gewässern und Ende des Jahrhunderts tauchte der englische Freibeuter William Dampier vor der westaustralischen Küste auf.

Erst ein Jahrhundert später fand die „richtige" Entdeckung statt. Am 29. April 1770 erreichte James Cook mit seinem Schiff Endeavour die Botany Bay und ging dort vor Anker. Er endlich ergriff, formvollendet, Besitz von dem Land (Cape York, 22. 8. 1770) im Namen seines Königs George III. und nannte es New South Wales.

Der Zeitpunkt dieser Entdeckung paßte genau in die weltpolitischen Pläne der Engländer: Eben, 1783, hatten sie die Herrschaft über ihre nordamerikanischen Kolonien verloren und wußten nun nicht mehr wohin mit den Sträflingen, die mangels amerikanischer Kolonien auf englischen Schiffen in der Themsemündung herumgammelten. Diese schickte man nun postwendend nach Australien. Die erste Flotte verließ am 13. 5. 1787 England. Sie hatte 1062 Personen an Bord, darunter 759 Sträflinge (davon 188 Frauen). Kommandant war Arthur Phillip, den man heute als den Vater der weißen Australier verehrt. Er ging in der Sydney Cove an Land und gründete die erste Ansiedlung, aus der einmal Sydney erwachsen sollte. Ihm gelang das schwierige Kunststück, die städtischen Strafgefangenen, die keine landwirtschaftlichen Kenntnisse besaßen und zudem auch wenig Lust zeigten, sich für das Gemeinwesen abzuplagen, zu motivieren und zu verläßlichen Bürgern zu erziehen.

1814 wurde endlich der überkommene Name Neu-Holland abgeschafft. Man nannte sich nun Australien, abgeleitet von dem Begriff „terra australis incognita", wie die Portugiesen das „sagenhafte Südland" bezeichnet hatten.

Indirekt beschleunigten die Franzosen die Kolonisierung des Kontinents: Da sie versuchten, sich ein Stück australischen Landes einzuverleiben, schickten die Engländer so viel verfügbare Gefangene wie nur irgendwie möglich nach Australien und initiierten einen richtigen Boom an Städtegründungen. Bis 1868 kamen über 160 000 Sträflinge nach Australien, darunter ungefähr 25 000 Frauen. „Freie" zog es damals noch nicht nach Australien. Das änderte sich erst, als 1851 Gold entdeckt wurde. In Windeseile tobte ein ‚goldrush' über das Land. Innerhalb von 10 Jahren verdoppelte sich die Bevölkerung auf über eine Million Einwohner. Die wenigsten Goldgräber wurden reich, aber viele blieben im Land, darunter auch viele Chinesen. Die Siedler aus dem Reich der Mitte kamen häufig zu einem soliden Reichtum, da sie fleißiger und genügsamer waren als die europäischen Einwanderer. Damit legten sie die Wurzeln für Rassenhaß, der dem Neid entsprang. Die (weiße) Regierung sah sich schließlich genötigt, eine „White Australia Policy" zu verkündigen: Australien den Weißen.

Auch die Eingeborenen litten unter dem kollektiven Rassenhaß und den Wild-West-Manieren der Einwanderer. Diese verdrängten die Ureinwohner, die gutmütig und friedlich waren, aus ihren Lebensräumen, nahmen sie als lebende Ziele für Schießübungen, schlachteten sie mehr oder weniger unmotiviert ab. Die Überlebenden ließ und läßt der Alkohol verkommen. Als richtige Menschen wurden die Eingeboren so gut wie nie anerkannt. Die „unruhigen Zeiten" Australiens endeten schlagartig, als der „goldrush" abebbte. Viele Goldgräber verließen das Land und Australien durchlitt seine erste ernsthafte Rezession. Sie brachte eine grundlegende Neuorientierung mit sich. Bisher bestand Australien aus einzelnen Kolonien, die strikt nach London orientiert waren. Man konnte von Sydney leichter einen Brief nach London senden als nach Melbourne, was aber nicht als Nachteil angesehen wurde. Die Bevölkerung dachte und handelte streng britisch. So erhielten auch die Initiatoren des Referendums von 1899 ihre Quittung, die den Zusammenschluß aller australischen Kolonialstaaten zu einem Commonwealthstaat beantragt hatten. Nur 43% der Wahlberechtigten stimmten zu – abgelehnt. Aber die britische Regierung in London war die Eigenbrödelei der einzelnen Kolonien leid und schloß kurzerhand die sechs Kolonien am 9. 7. 1900 zu einer staatlichen Einheit zusammen. Ab 1. 1. 1901 nannte man sich nunmehr Federal Commonwealth of Australia.

Bei Ausbruch des Ersten Weltkriegs stand man stramm auf Seiten Großbritanniens und noch vor der Kriegserklärung beschoß man das erste deutsche Schiff. 1915 landete das Australian and New Zealand Army Corps (ANZAC) in der Türkei. Fast 9000 Australier starben. Anläßlich dieser Niederlage feiert man jährlich den Anzac Day (25. 4.). Etwas erfolgreicher agierten die Australier an der Westfront. Für insgesamt 60000 Kriegstote erhielten sie als Kriegsbeute Deutsch-Neuguinea.

Nach Kriegsende entwickelte sich die Wirtschaft zunächst sehr zufriedenstellend, dann brach jedoch die Weltwirtschaftskrise auch über Australien herein. Das Nationaleinkommen sank rapid (um 30%). Ungeachtet dessen wurde Australien auf der Imperial Conference zum souveränen Staat ernannt. Nun durfte man selbständige Außenpolitik betreiben, die dann zunächst auch „in die Hose ging". Die „weiße" Politik führte zu Spannungen gegenüber Japan. Man folgte der alten imperialen Doktrin: Kann man sich mit Argumenten nicht durchsetzen, dann eben mit militanten Taten. Die australische Regierung verfügte 1938 ein totales Eisen- und Mangan-Embargo gegen Japan. Viele Kommentatoren sind der Meinung, daß diese Entscheidung letztendlich den japanischen Kriegseintritt provozierte, wobei auch hier koloniale Verhaltensmuster dominierten: Wurden die notwendigen Bodenschätze verweigert, so holte man sie sich mit Gewalt.

Im Zweiten Weltkrieg kämpften Australier an vielen Schauplätzen der Welt auf Seiten der Alliierten. Nicht sehr ruhmreich schlugen sie sich bei der Verteidigung von Singapur (Über 15000 Soldaten marschierten in die Gefangenschaft der Japaner.), dagegen kamen die Tobruk-Rats in Nordafrika zu hohem Ruhm. Die zurückgebliebenen Australier stellten zu ihrer eigenen Verwunderung fest, daß Australien nicht so weit aus der Welt lag, als daß man es nicht mit Bomben hätte treffen können. Die Japaner beschossen die Städte an der Küste von Queensland.

Die wichtigste Erkenntnis, die die Australier im Zweiten Weltkrieg machten, war, daß ihr Staat zu wenig Einwohner besaß. Damit konnte man weder die Wirtschaft ankurbeln noch in der Weltpolitik ein Wörtchen mitreden. Man warb nunmehr in ganz Europa um Einwanderer, so daß die Einwohnerzahl

21

1927 wurde das Old Parliament House in Betrieb genommen.

abschieden und damit gründlichst die staatlichen Kassen zu plündern. Hinzu kam, daß man nicht ausschließlich an das Volk dachte, sondern auch den eigenen Geldbeutel im Auge hatte: Eine ganze Reihe von Skandalen ließen Australien wie einen Selbstbedienungsladen der Reichen erscheinen. Als trotz aller Proteste der Regierungschef (Whitlam) nicht zurücktrat, wurde er am 11.11.1975 vom britischen Generalgouverneur seines Amtes enthoben. Trotz aller Affairen behielt die Labour Party die Regierungsverantwortung. Selbst der Bottom-of-the-Harbour-Tax-Scandal, der Watergate weit in den Schatten stellte und einen Großteil der Regierung diskreditierte, konnte die Labour Party nicht aus dem Sattel heben.

Die Wirtschaft tümpelt gegenwärtig still vor sich hin, der Traum vom dynamischen Industrieland ist wohl ausgeträumt. Die expansiven Trends der Weltwirtschaft in den 80er und 90er Jahren gingen weitgehend an Australien vorbei. Die Sprunghaftigkeit staatlicher Wirtschaftspolitik lassen kein richtiges Vertrauen aufkommen, das Investitionen nachhaltig begünstigt.

Auf das New Parliament House sind nicht alle Australier stolz. Viele finden den interessanten Bau zu abstrakt.

zwischen 1948 und 1972 um gute 20 % auf über 11 Millionen anwuchs. Von 1949 bis 1972 regierte die Liberal Party das Land; sie nahm für sich in Anspruch, das australische „Wirtschaftswunder" kreiert zu haben. Alle Wirtschaftsparameter zeigten positiven Trendverlauf. Die australische Labour Party stellte die nächsten Regierungen. Sie verstand es, viele Reformen zu ver-

Das Wappen Australiens halten Känguruh und Emu gemeinsam.

Die Australier sind für uns Antipoden. Bekanntlich sind dies Menschen, die mit dem Kopf nach unten durch die Prärie wandeln. Über diese Spezies hört man in unserer sonst sehr aufgeklärten europäischen Welt wenig. Was eigentlich geht im fünften Kontinent vor sich?

Umgekehrt ebenso: Die Australier, so

Die Australier, ein Psychogramm

scheint es, interessiert nur ihr eigenes Leben, ihre eigene Umwelt. Vielleicht mit Recht, denn es ist eine bezaubernde Umwelt. Und das ist bereits die einleuchtende Entschuldigung, daß sie sich auf sie konzentrieren.

Es ist ein unbilliges Unterfangen, über ein anderes Volk urteilen zu wollen. Wir versuchen eine Beschreibung, um den Reisenden einzustimmen auf die Menschen, denen er begegnen wird. Die vielleicht ironisch klingenden Seitenhiebe haben wir von Australiern selbst übernommen, entweder von Menschen, denen wir begegnet sind oder aus Büchern, die wir gelesen haben.

Wir haben verschiedentlich gelesen, daß sich der Australier gerne über jeden und alles beschwere, am liebsten über die Regierung und über die Ausländer, die immer wieder ins Land strömen. Das nimmt in einem Land Wunder, das eigentlich nur aus „Ausländern" besteht. Andererseits beweist

diese Einstellung, sei sie richtig oder falsch, daß unter den Einheimischen ein Gefühl des „being Australian" entsteht. Sie brauchen es notwendig, denn die Nation ist jung und kurz die Vergangenheit – eng und schwankend also auch die Basis der eigenständigen Nation. Es ist zugegebenermaßen schwierig zu leben, indem man unbewältigte Vergangenheit aufarbeitet, konserviert und gleichzeitig versucht, die Zukunft tatkräftig zu gestalten. Australien hat sich noch nicht etabliert im Rat der wichtigen Nationen dieser Welt. Es muß sich den nötigen Respekt erst noch (mühsam) erarbeiten. Mitunter werden zynische Stimmen laut, die da ungeniert behaupten, die Australier wollten ja gar keine große Rolle spielen. Sie liegen gerne in der Sonne, ein Bier neben sich und lassen den Herrgott einen guten Mann sein. Die übrige Welt interessiere nicht.

Eine Unterstellung? Der Australier, so beschreiben sich die Australier, schimpft auf die Regierung und auf die Gewerkschaften, doch er ändert nichts. Er wählt die unfähige Regierung erneut und unterstützt die unvernünftigen Forderungen der Gewerkschaften ungerührt. Als Außenstehender sollte man dazu keine Meinung äußern – auch nicht die Tatsache hervorheben, daß die Wirtschaft nicht zuletzt wegen den unfähigen Regierungen und wegen den vielen Streiks der Gewerkschaften im Koma darniederliegt. Der Australier weiß all dies und bestätigt dennoch unverzagt am Wahltag die „gottgewollte" Ordnung.

Die Australier sind konservativ. Nicht verwunderlich, stammen sie doch von den Briten ab und haben sie deren konservative Lebenseinstellung im Blut. Daran hat auch die oberflächliche Tün-

24

che des „american way of life" nichts geändert. Sie übernehmen zwar weitgehend kritiklos alle amerikanischen Modeerscheinungen von flower power bis zu McDonalds und folgen auch gehorsamst den Amerikanern in jeden Krieg. Aber sie kritisieren auch gleichzeitig den Amerikanismus und behandeln ihn wie eine ansteckende Krankheit. In Gesprächen lassen sie kein gutes Blatt an Großbritannien und an den Vereinigten Staaten.

Den Konservativismus haben sie im Blut, die vielen Freikirchen, die sich im Land etablieren konnten, haben ihn im Griff. Moralische Grundsätze stehen über Glaubensinhalten, mutmaßen viele Beobachter, zugegebenermaßen mit leicht boshaftem Unterton. Wie aber sonst konnte man erfolgreich und selbstsicher ein Volk wie die Aborigines ausrotten, obwohl diese weder reich noch feindselig waren? Was haben die Australier in all den Kriegen der Welt zu verteidigen, von den Weltkriegen bis Korea und Vietnam, in denen sie jeweils kleine Kontingente einsetzten, nicht immer gerade erfolgreich, aber mit großem nationalen Pathos. Sie waren nie gezwungen, ihr Land, ihre Lebensart, ihre Eigenständigkeit zu verteidigen.

Abgesehen von solchen Verirrungen auf der Weltbühne beschäftigte sich Australien mit großer Hingabe mit sich selbst. Das ist wichtig und notwendig, soweit es nicht zur Abkapselung führt. Das Erkennen der eigenen Identität bringt das notwendige Selbstbewußtsein. Die Kunst übte sich als erster Vorreiter mit durchaus konstruktiv kritischen Ansätzen – nicht immer von allen Australiern anerkannt. Viele protestierten gegen vermeintliche Nestbeschmutzung und sagten, was auf vielen

Tafeln vieler Highways prangt: Keep Australia clean. Schlagworte – beim Hinterfragen wurde nicht einmal klar, welches Australien da eigentlich sauber gehalten werden sollte. Die Künstler inspirierten die Politiker, diese empfohlen die kritische Auseinandersetzung auch ihren „Untertanen". Im Jahr 1988, anläßlich der überschäumenden Bicentennial-Feierlichkeiten wurden manche selbstkritische Töne laut.

Das australische Volk ist ein melting pot, der sicherlich noch die eine oder andere Blutzufuhr verträgt, der aber gleichzeitig auch manche Blutzufuhr abweist. Der Weg zur selbstsicheren Nation, zum überzeugenden Gefühl eines „being Australian" ist nicht ausreichend genau beschrieben. Eine positive Grundeinstellung ebnet sicherlich den Weg: Toleranz und Freundlichkeit, Gemütlichkeit und Offenheit bestimmen die Bewohner dieses Landes – kein Wunder, auf seinen siebeneinhalb Millionen Quadratkilometern Fläche leben gerade sechzehn Millionen Menschen. Da ist, wird und bleibt man zwangsweise offen.

Das Problem der Australier wirkt dage-

25

gen kontraproduktiv. Das Land ist reich. Es bietet alles im Überfluß: Nahrung, Unterkunft und auch ein Auto kann sich jeder leisten. Die Sozialleistungen sind beachtlich. Für diese Segnungen von Natur und Gesellschaft muß man nichts leisten. Es ist eben da. Viel zu wenig Australier verreisen, um den materiellen Unterschied selbst zu erleben, um zu erfahren, wie es in Ländern zugeht, in denen nicht alles im Überfluß vorhanden ist, in denen man für Wohlstand tatkräftig arbeiten muß. Der Reichtum hemmt die Entwicklung: Es gibt keinen „Australian Dream", weil man bereits im Paradies lebt. Warum also anstrengen, wovon soll man träumen? Der Job in der Wirtschaft reizt nicht, weil die Gewerkschaften für den Berufsanfänger weitgehend die gleichen Bedingungen wie für den erfahrenen Arbeiter ausgehandelt haben. Die Nivellierung bietet kaum Anreize.

Der Wohlstand wurde zur Hypothek. Die Australier mußten niemals dafür einstehen, geschweige denn dafür kämpfen. Die Australier erhielten alles auf dem silbernen Tablett serviert. Daraus erwuchs die Unzufriedenheit. Sie forderten mehr Wohlstand, mehr Sozialleistungen, mehr Freizeit und natürlich weniger Arbeit. Gewerkschaften und Regierungen plapperten solche Forderungen nach und setzten sie um in Gesetze und Verordnungen. Niemand überlegte sich aber je, wer die Rechnung bezahlen sollte.

Doch warum soviel Pessimismus verbreiten? Ein Land wie Australien könnte vor Lebenskraft strotzen. Neue Menschen braucht das Land (und ihre Arbeitskraft). Neue Investoren braucht das Land (und ihr Kapital). Neue Politiker braucht das Land (und ihre Moral). Manchmal denken und sagen einige

Australier dies und ernten Hohngelächter. Solche Forderungen in einem Paradies?

Mancher resigniert, zieht sich zurück, lebt zurückgezogen und erlebt, was die anderen bereits wußten: Ein Land wie Australien ist ein richtiges kleines Stückchen Paradies.

Der Umgang mit Australiern (ein etwas ironischer Ratgeber)

Wie bereits erwähnt, pulsiert in den Australiern englisches Blut: Ihr Denken ist britisch geprägt. Business haben sie von den Amerikanern gelernt: Geschäftlich orientieren sie sich an ihnen. Irgendwie verachten sie aber sowohl die britische wie auch die amerikanische Lebensweise: Ihr nicht immer gleich nachvollziehbarer „way of life" ist geprägt vom Stolz auf ihr Australien. Daraus leiten sich eine ganze Reihe von Verhaltensmustern ab, die der Tourist beherzigen sollte, dann wird er die Australier erleben, wie wir sie erlebt haben: freundlich gestimmt, geduldig, den Fremden aufzuklären, begierig, über ihr Land zu berichten, hilfsbereit und zuvorkommend.

● Betritt man das Land, so sollte man sofort vergessen, daß die ersten Siedler Sträflinge waren. Das ist lang her und könnte als beleidigend aufgefaßt werden. Außerdem sollte man nicht über Aborigines reden. Die Ureinwohner gibt es zwar noch und sie sehen auch recht erbärmlich aus, aber die Australier wollen nicht daran erinnert werden, daß sie an ihrem Niedergang irgendeine Schuld tragen könnten.
● Man sollte sich damit abfinden, daß

in Australien alles schön ist und man vor allen Dingen immer das größte, längste und dickste aufzuweisen hat. Man sollte nicht nach Gegenbeispielen suchen. Die Sydney Harbour Bridge zum Beispiel ist mit einer objektiven Spannweite von 503 Metern für die Australier die größte Ein-Bogen-Spannbrücke der Welt. Man sollte nicht darauf hinweisen, daß die Bayonne Bogenbrücke in New York die Spannweite um einen Meter übertrifft.

● Die Australier sind äußerst empfindlich, wenn man als Ausländer beteuert, sie nicht zu verstehen, da das gelernte Oxford- oder Cambridge-Englisch anders klingt. Auch wenn dies zweifelsohne stimmt, wird man sich nach einigen Tagen in die australische Ausdrucksweise eingehört haben.

● Wird man von einem Australier mit einem breiten „good day" angesprochen, so wird keine weitere Antwort erwartet. Wird jedoch ein fröhliches „How are you?" geschmettert, versteht sich die Gegenfrage: „Fine, thanks. How are you?" von selbst. Die nächsten fünf Minuten des Gesprächs kann man ohne Schwierigkeiten – wie in England – dem Wetter widmen.

● Versuchen Sie nicht ständig, Australiern die Hände zu schütteln. Das findet man unangebracht und überflüssig. Außerdem könnten an Ihren Händen noch einige Insekten kleben, die man bei der Sprühaktion im Flugzeug nicht

Die Harbourbridge und die Oper sind gleich zwei Wahrzeichen der Metropole Sydney.

Ein Kamelzüchter in der Nähe von Alice Springs

Eine einfache Frau in Melbourne

ins Jenseits beförderte. Auch Begrüßungsküsschen sind nicht angebracht. Da der Kuß eher ein eindeutiges Vorspiel auf „mehr" bedeutet, können europäische Begrüßungsangewohnheiten falsch ausgelegt werden.

● Höflichkeit wird groß geschrieben. Ehe Sie einen Satz beginnen, entschuldigen Sie sich vorsichtshalber. Ein „sorry" zu viel richtet keinen Schaden an, ein „sorry" zu wenig kann recht unhöflich erscheinen.

● Viele Australier sind dick. Ihre Fülle verdanken sie dem weit verbreiteten amerikanischen fast food. Selbstverständlich spricht man nicht darüber. Mit bewundernswerter Selbstverständlichkeit kleidet man sich in knallbunten und engen Kleidungsstücken. Man kann ohne Rücksicht auf jedes Modediktat tragen, was man will; nur in Sydney und Melbourne ist Eleganz angesagt.

● Moral wird groß geschrieben. Im Bikini betritt man keinen Supermarkt, bei Stadtbesichtigungen empfiehlt sich für Herren eine lange Hose, und will man in einige der besseren Clubs eingeladen werden, sollte man sogar eine Krawatte bereithalten.

● Benimm-Regeln werden auch im Restaurant peinlich genau eingehalten: Selbst wenn das ganze Restaurant menschenleer ist, wartet man am Eingang, bis man vom Ober zu einem ausgewählten Tisch geleitet wird. Warum gerade dieser Tisch und kein anderer, bleibt ein Geheimnis der Bedienung.

● Zurückhaltung prägt den australischen Menschen von Welt. Er drängelt nicht, wenn er an einer Bushaltestelle ansteht, sondern er wartet geduldig.

● Warnschilder sind nicht nur zur Belustigung aufgestellt worden. Wenn man vor Quallen oder Krokodilen warnt, ist das zwar keine Garantie dafür, daß man bald ein entsprechendes Exemplar dieser Spezie entdecken und beobachten wird, aber sie weisen andererseits zu Recht touristische Greenhorns darauf hin, daß die eine oder andere Gefahr doch lauert.

Um es gleich vorweg zu nehmen: Zum Teil ist die australische Küche unverkennbar englisch geprägt. Das ist eine Küche, die bewußt keinen Wert auf Gewürze legt. Gemüse wird grundsätzlich nur blanchiert serviert, Salat selbstverständlich unangemacht. Andererseits finden sich auch die Gepflogenheiten der amerikanisch „Eßkultur" wieder.

Australische Leckerbissen

Überall gibt es junk food, das auch so schmeckt. Von McDonalds bis Burger King und Pizza Hut sind selbstverständlich alle amerikanischen Ketten präsent. Der Kundenstamm wächst ständig.

Es gibt kaum eine „australische Küche", wenn man nicht die vorzüglichen Steaks als solche bezeichnen will.

Erst nach dem Zweiten Weltkrieg wuchs die Vielfalt der Restaurants. Alle Einwanderergruppen richteten eigene Restaurants ein, so daß man heute italienisch, französisch, deutsch und natürlich chinesisch essen kann.

Manche Restaurants führen ein BYO (bring your own) im Schild. Das bedeu-

er Kaiserstühler
ein Australiens
t nicht unbedingt
it dem deutschen
orbild gleich-
setzen.

tet, daß sie keine Alkoholkonzession besitzen und sie den Gast auffordern, seine eigenen alkoholischen Getränke mitzubringen.

Bereitet man sein Essen selber zu, so sind den Fleischwünschen keine Grenzen gesetzt. Das Fleisch (jeglicher Art) ist köstlich, wie sonst kaum an einem Ort in der Welt. Känguruhfleisch mögen die meisten Australier nicht, obwohl das Fleisch wohlschmeckend und besonders zart ist. Meeresfrüchte wie Hummer, Krebse, Königskrabben sind billigst zu erstehen und schmecken vorzüglich. Obwohl Australien lange Küsten hat, spielt der Fischfang kaum eine Rolle. Ihn überläßt man den Japanern, die mit großen Fangflotten vor der Küste Australiens operieren. In australischen Supermärkten findet man lediglich ein bescheidenes Angebot an tiefgefrorenem Fisch. An Früchten kann man sich gütlichst tun und manche Mahlzeit schlicht dafür ausfallen lassen.

Die Australier trinken mit wahrer Hingabe und in erstaunlichen Mengen Bier. Ein typischer Australier ist dann zufrieden, wenn er sich an einer „can of beer" festhalten kann. Ganz zu unrecht eigentlich, denn Australien ist auch ein Weinland. Vor allem deutsche Immigranten brachten die hohe Kunst des Weinanbaus ins Land. Zwar gibt es keine Gesetzgebung, die auf die Qualität der Weine achtet, so daß man selbst überprüfen muß, was sich hinter „Chablis", „Mosel" und „Burgunder" versteckt. Auch muß man nicht damit rechnen, daß ein „Rhine Riesling" seinem Namensvetter ähnlich ist. Aber darüber hinaus ist man mit den Pappkartonweinen zu vier oder fünf Liter, die man in den bottle shops erstehen kann, allemal gut beraten.

Ziemlich genau 19 Stunden fliegt man von Frankfurt nach Sydney. Selbst ausgesprochen flugbegeisterte Menschen fühlen sich da beengt. Warum sich also der Belastung eines Superlangstreckenfluges aussetzen? Mit dieser Überlegung flogen wir zunächst einmal 12 Stunden bis nach Singapur, ließen uns zwei Tage und eine Nacht von der tropi-

Willkommen downunder

schen Weltstadt verführen, tauchten ein in die so vielfältige, bezaubernde Welt der Singapurer. Bester Laune setzten wir dann zum zweiten, nunmehr siebenstündigen Sprung nach Sydney an. Es lohnt sich, rechtzeitig einen Fensterplatz zu reservieren, denn mit etwas Glück und der richtigen Windrichtung vollführt die Maschine eine elegante Kurve und bietet den Blick auf die Metropole *Sydney*, die im ersten fahlen Licht des Morgens vor uns liegt. Dann setzt die Maschine zur Landung an: welcome in downunder.

Der Flughafen muß zunächst enttäuschen. Vielfache Baumaßnahmen beeindrucken uns; sie lassen nicht erahnen, daß sie das Chaos der viel zu kleinen Abfertigungshallen einmal werden beheben können. Große Schilder weisen darauf hin, daß nun wirklich das letzte Stückchen Brot abzugeben sei, sonst unweigerlich der fünfte Kontinent vergiftet werde. Die Gepäckausgabe hinterläßt einen reichlich chaotischen Eindruck. Der Gepäckwagen ist nur gegen die Zahlung eines Dollars zu erstehen, doch wer hat schon einen australi-

schen Dollar, wenn er noch nie in diesem Land war. Aber zwei deutsche Mark werden auch akzeptiert.

Vor dem Flughafen lernen wir gleich australische Organisationskunst in Reinkultur kennen. Obwohl Unmengen Taxen die Unmengen Ankömmlinge erwarten, bildet sich eine lange Schlange. Noch wissen wir nicht, daß auch die Australier dem englischen Nationalsport des Schlangestehens frönen. Die Taxifahrt läßt uns bereits etwas von der Größe Sydneys erahnen: Der Fahrer findet den Campervermieter nicht; nach längerem Studium einer Karte während des Fahrens stellen wir fest, daß wir gerade in der verkehrten Richtung unterwegs sind. Der Vermieter residiert in unmittelbarer Nähe zum Flughafen. Zerknirscht läßt der Taxifahrer auch freiwillig den halben Fahrtbetrag nach.

Viel zu früh stehen wir vor dem verschlossenen Büro. Wir müssen noch geschlagene zwei Stunden warten, bis um neun Uhr der erste Angestellte erscheint.

Ein kräftiger Kaffee bringt uns wieder halbwegs auf die Beine, wir lassen uns den Camper erklären: Wasserpumpe, Herd und Ofen, die Mikrowelle, die Toilette, die Klimaanlage, der Bettenbau und sonst noch viele Details mehr. Dann wissen wir jedenfalls, daß wir einen high-tech-Camper übernehmen. Unverständlich bleibt bis zuletzt, wie im Falle eine Falles der Reifenwechsel stattzufinden habe. Insbesondere die hintere Zwillingsbereifung erscheint uns recht kompliziert. Glücklicherweise müssen wir uns während der gesamten Fahrt mit diesem Problem nicht auseinandersetzen.

Wir packen unsere Koffer aus, verstauen alles in Windeseile in den vielen

Schränken des Campers. Dann erfahren wir noch Praktisches über Australien, die Straßen, die Städte und die Campingplätze.

Nichts hält uns in unserer Neugierde auf.

Wir haben gut geplant. Der Flughafen liegt südlich von Sydney, also heben wir uns Sydney für den Schluß der Reise auf und entfliehen zunächst auf recht unsicheren Reifen dem Großstadtverkehr.

Am Princes Hwy. nach Süden erreichen wir nur zwei Kilometer nach der Cam-

perübernahme im Vorort Rockdale linker Hand das South Side Plaza Einkaufszentrum mit dem Franklins Supermarket; das Einparken klappt dank großzügigem Parkplatz auch bei ungewohnten Fahrzeugabmaßen. Auch wenn der Laden auf den ersten Blick etwas durcheinander erscheint, können wir den gesamten Grundbedarf decken. Die Einkaufsliste hatten wir bereits in Deutschland erstellt, so daß wir innerhalb einer Stunde auch alles einkaufen konnten: vom Salz bis zum Nudelpaket, vom Toilettenpapier bis zu Serviet-

Die Skyline von Sydney, von Darling Harbour aus gesehen

Vom Mt. Pleasant hat man einen schönen Blick nach Gerringong.

rück, höchstens die Straße, der Schweißausbruch beim Schalten, der Scheibenwischer, der sich immer im falschen Augenblick in Gang setzt.

Die erste Übernachtung haben wir in *Kiama* geplant, dort soll ein schöner Campingplatz sein. Die Suche ist zunächst gar nicht so einfach. Da ist der Camperführer gewöhnungsbedürftig, da findet man die Beschilderung nicht gleich in dem allgemeinen Wald von ins Auge springenden Reklametafeln. Schließlich sind wir doch erfolgreich. Vor dem Office halten wir an, der „caretaker" fragt nach unseren Wünschen. „A powered site?" Ja, natürlich hätten wir gerne einen Stromanschluß. Es wird sofort bezahlt, und am nächsten Tag hätten wir bis zehn Uhr den Platz zu verlassen.

Wir stehen auf einer gepflegten Wiese, den weiten Blick über das Dörfchen Kiama und die grünen Hügel genießend. Der pazifische Ozean wirft seine Wellen gegen die Felsenküste, aus einem „blowhole" sprüht die Gischt senkrecht wie eine Fontäne in die Höhe. Wir genießen den ersten von vielen herrlichen und farbenprächtigen Sonnenuntergängen.

ten, vom Colagetränk bis zu Streichhölzern. Nur eines, so stellten wir fest, fehlte noch: der viel gerühmte australische Wein. Gleich um die Ecke wurde an einem „bottle shop" die letzte Lücke in unserer Verpflegung geschlossen.

Dem Verkehr zwar angepasst, aber doch reichlich unsicher verlassen wir die Vororte von Sydney. Das große Wohnmobil fährt sich wie ein Lastwagen – mit allen Unbequemlichkeiten. Das schwere Fahrzeug ist mühselig in Gang zu bringen, es schaltet sich schwer – und links, die Federung ist reichlich hart. Der Linksverkehr will beachtet sein. Während das Schalten mit der linken Hand relativ problemlos funkioniert, macht das Blinken auf der rechten Seite erheblich mehr Schwierigkeiten. Da setzt sich jedes Mal der Scheibenwischer in Bewegung. Die Ausmaße sind gewöhnungsbedürftig. Der Aufbau geht über den Horizont des Fahrerhauses hinaus; man sitzt eben nicht in einem Personenwagen.

Gerne wählen wir den Freeway nach Süden, für die vierspurige Strecke müssen wir einen Obulus von 60 cents entrichten. Zugegeben, viel bleibt von dieser Strecke nicht im Gedächtnis zu-

Das Kangaroo Valley mit seiner ausgeprägten Weidewirtschaft ist für Mitteleuropäer ein gewohnter Anblick

Südlich von *Sydney* breitet sich entlang der Küste eine hügelige frische Landschaft aus. Sie kommt einem Mitteleuropäer zunächst einmal bekannt vor, den Voralpen nicht unähnlich, nichts außergewöhnliches also. Etwas paßt jedoch nicht in das Bild: Da grasen Kühe auf saftigen Wiesen unter Palmen und Eukalyptusbäumen, da schwingen sich

n die Landes-
hauptstadt
Canberra

Papageien von Baum zu Baum, da schlagen die Wellen des pazifischen Ozeans an die Küsten des hügeligen Landes.

So ähnlich mögen dies auch die ersten Siedler empfunden haben. In New South Wales fühlten sie sich wohl, in New South Wales blieben sie. Wir verlassen Sydney über den Princes Hwy., den legendären Highway Number one (der den australischen Kontinent umrundet) und überqueren dabei die Botany Bay. Hier landete einst, 1788, Captain Arthur Phillip mit seinen ersten Siedlern. Auftragsgemäß (Cook hatte bei seiner Entdeckungsfahrt 1770 mehrere Wochen in der Bay vor Anker gelegen) sollte er hier die ersten Hütten errichten. Damit gilt 1788 als das Geburtsjahr des modernen Australien. Captain Phillip stellte fest, daß das Land an der Botany Bay nicht fruchtbar, die Versorgung mit Wasser nicht gesichert war, so daß er 15 Kilometer weiter nördlich seine Flotte ankern ließ,

im „finest harbour in the world". Daraus entstand *Sydney*, das sich mit dem Attribut des schönsten Hafens der Welt noch immer gerne schmückt. Die Botany Bay ist heute umgeben von Vororten der Metropole, die den (Wunsch) Alptraum aller Australier erfüllen: ein Häuschen im Grünen, ein Auto und ein Boot und das vieltausendfach, kein winziges Plätzchen der Küste auslassend.

Nach den letzten Vororten beginnt bereits die Welt der Nationalparks: Der *Royal National Park*, der älteste Nationalpark Australiens (nach dem Yosemite National Park in USA der zweitälteste der Welt) ist an Wochenenden überlaufen. Sydneys Stadtbevölkerung hat ihn voll „im Griff". Schließlich sind die Strände herrlich, für Surfer und Schwimmer gleichermaßen. Durch die Regenwälder führen Wanderwege, über 700 Blumenarten wachsen im Park; farbenprächtigst blühen sie im Frühling. Angelegt wurde der Park 1879, den Zusatz „königlich" erhielt er 1954, als die englische Königin hier weilte.

Wollongong, die siebtgrößte Stadt Australiens kann ihre Stahlwerke und Kohleminen zwar nicht verbergen, hat aber eine herrliche Lage am pazifischen Ozean. Arbeiter und Surfer fühlen sich gleichermaßen wohl.

Der Princes Hwy. führt im Bogen um den *Lake Illawara* herum, einem sehr beliebten Wassersportressort. Noch spüren wir nichts von australischer Einsamkeit. Wir befinden uns im Einzugsgebiet von Sydney. Auch *Kiama* gehört dazu, ein kleiner Fischerort, wenngleich er schon ländlich anmutet. Wir campen in Kiama in unmittelbarer Nähe des berühmten blowhole, eines Felsendurchbruchs, aus dem regelmäßig mit dem Druck größerer Wellen das

Im Tal des Yarrung Creek beeindrucke die Tafelberge

Wasser einer Fontäne gleich in die Luft gedrückt wird. Bis zu stolzen 60 Metern Höhe schießt die Fontaine bei rauhem Wetter empor. 1797 hatte dieses Felsenloch der Abenteuerer George Bass bereits entdeckt.

Will man Australien hautnah erleben, eignet sich der Besuch in einem Pub vorzüglich. Er ist in keinem Ort zu übersehen, denn er „bildet" sozusagen den Mittelpunkt des Ortes; in vielen Outback-Dörfern ist er sogar der einzige größere Bau. Die Zeiten, in denen man Frauen den Eintritt verwehrte, sind zwar vorbei, aber meist besuchen auch heute nur Männer den Pub, vertieft in angeregte Unterhaltung. Fast meint man, in eine Privatveranstaltung geraten zu sein. Alle kennen sich, sind Stammgäste, der Pubbesuch gehört zum täglichen Ritual. Das ist so im Outback-Nest, in Sydney oder in Kiama. Bestellt wird an der Bar. Man kann wählen zwischen einem „middie" oder einem „schooner" – Bier wird in diesen beiden Größen serviert. Man zahlt sofort, Trinkgeld ist nicht erwünscht, auf dem kleinen Wechselgeld muß man allerdings auch nicht beharren.

Von Kiama folgen wir dem Princes Hwy. nach *Gerringong* und *Berry*. Im Hinterland ist Weidewirtschaft zuhause. In Gerringong steht eine der größten Molkereien des Landes. An der Küste richtete man den *Seven Miles Beach National Park* ein. Es ist sowohl Kühen wie auch Farmern verboten, in den Park vorzudringen. Dünen und schöne Strände ziehen dafür die Besucher an. *Berry* nennt sich selbst „Town of the Trees". Von einem David Berry wurde die Stadt gegründet. Der führte aus England auch die verschiedensten Baumarten ein: Eichen, Ulmen und Buchen wurden zur Jahrhundertwende gepflanzt und geben der Stadt ihren unverwechselbaren Charakter.

Wir zweigen vom Highway ab und wenden uns dem hochgelegenen *Illawarra Plateau* zu. Wir fahren durch das *Kangaroo Valley*, fruchtbares Weideland, gesäumt von Eukalyptuswäldern. Farmen liegen weitgehend verstreut rechts und links der Straße. Heute befindet sich hier das Zentrum der australischen Milchwirtschaft. 1812 erreichten die ersten Pioniere das Tal, nur wenige Jahre später begann die planvolle Besiedelung. Damals klagten die Siedler über Känguruhs, die ihre mühsam angelegten Felder verwüsteten. Wir entdecken bei unserer Fahrt kein Känguruh in freier Wildbahn. Nach der Hampden Suspension Bridge mit ihren festungsähnlichen Brückentürmen, die 1898 von Strafgefangenen erbaut wurde, erreichen wir das *Pioneer Farm Museum*, eine alte, liebevoll hergerichtete Farm, die einen guten Einblick in das Farmleben des letzten Jahrhunderts ermöglicht. Die Straße führt uns geradewegs an den *Fitzroy Falls* vorbei, wo der *Yarrunga Creek* von einem Sandsteinplateau 81 Meter in die Tiefe fällt und dann nochmals rasch 36 Höhenmeter überwindet, bis er den Talgrund erreicht hat. Von Holzstegen aus können wir den Wasserfall in aller Ruhe betrachten. Hätten wir mehr Zeit, dann könnten wir von hier weit in den *Morton National Park* hineinwandern.

Über den Illawarra Hwy. erreichen wir *Moss Vale*, ein Städtchen mit mancherlei Kolonialbauten. Von hier nehmen wir den Hume Hwy. nach *Goulburn*. Die Stadt hat den Ruf, die älteste „inland city" zu sein. Tatsächlich reicht die Geschichte der Stadt bis 1798 zurück, als John Wilson den Mt. Towrang östlich der heutigen Stadt entdeckte. 1828 begann der Aufbau des Ortes, 1863 wurde er zur Stadt erhoben, damals höchst persönlich durch Königin Victoria. Heute kann man viele der „ersten" Stadtgebäude besichtigen. *Goulburn* ist eines der wichtigsten Wollzentren des Landes. Die berühmte Merinowolle wird gleich am Ort verarbeitet. Im *Big Merino Complex* kann man alles kaufen, was sich aus Wolle herstellen läßt. Neben Pullovern könnte man als Souvenir ein Paar „Ug Boots" kaufen, mit Merinowolle gefütterte Stiefel, in denen

man garantiert mit warmen Füssen über den Winter kommt. Übrigens den Big Merino Complex kann man nicht übersehen: Er steht in Form eines riesigen Merinoschafes (das größte Schaf der Welt) direkt am Federal Hwy., über den wir dann auch nach *Canberra* kommen.

Wir hatten uns die Fahrtstrecke so eingeteilt, daß wir am frühen Nachmittag *Canberra* erreichten, so blieben uns noch zwei Stunden, um den *Capitol Hill* zu besichtigen. Den *City Hill* und die Innenstadt haben wir uns für den nächsten Tag aufgehoben.

Gesamt: 372 km; 2 Tagesetappen
1. Tag: Sydney bis Kiama: 131 km
2. Tag: Kiama bis Canberra: 241 km

1. Tag:
Highlights:
● *Royal National Park*
● *Wollongong und Lake Illawara*
● *Kiama (Blowhole, The Terraces – historische Shoppingzeile)*
Camping, Kiama:
Blowhole Point Caravan Park, Tel.: 042/322707
ein idyllisch gelegener Campingplatz auf einem Felsvorsprung unterhalb eines Leuchtturms; gleich in der Nähe befindet sich das „blowhole".
2. Tag:
Highlights:
● *Hampden Suspension Bridge*
● *Pioneer Settlement (Farmmuseum), Kangaroo Valley*
● *Fitzroy Falls im Morton National Park*
● *Goulburn (The Big Merino Complex)*
Camping, Canberra:
Red Cedars Motel, Ecke Stirling Avenue und Aspinall Street, Watson, A.C.T., Tel.: 06/2413222
Der Campingplatz (ca 10 km vor der Stadt gelegen) ist nicht gerade hervorhebenswert, aber für den Stadtbesuch bestens geeignet.

Der Hauptstadt-kompromiß: Canberra

Als man 1908 entschied, mitten in der Wildnis von New South Wales eine neue Hauptstadt zu errichten, dachten viele Australier, dieses einfach unglaubliche Projekt würde niemals verwirklicht werden. Sie mußten sich eines Besseren belehren lassen. So ganz verinnerlicht haben es noch immer nicht alle, daß Canberra nunmehr ihre gemeinsame Hauptstadt sein soll. Abwertend nennt man sie auch „The Bush Capital", wo eben all die „bloody politicans" herumhängen.

Als am 1. Januar 1901 das Commonwealth of Australia gegründet wurde, bestand die Notwendigkeit, eine gemeinsame Hauptstadt zu benennen. Selbstverständlich bewarben sich die wichtigsten Städte des Landes um diese Ehre, insbesondere Melbourne und Sydney. Da keine der Städte zugunsten der anderen verzichten wollte, traf das Parlament die Entscheidung für eine neue Hauptstadt. Sie sollte in New South Wales und nicht mehr als 100 Meilen von Sydney entfernt liegen. Zum Ausgleich sollte Melbourne in der Übergangszeit Hauptstadt sein. Unter 40 Bewerbungen wurde Canberra ausgewählt, benannt nach einem Aborigines-Wort: „Kamberra" bedeutet soviel wie meeting place (Treffpunkt), ein treffender Name für eine Hauptstadt. Doch es dauerte lange Zeit bis sie tatsächlich Treffpunkt wurde. 1912 gewann der Amerikaner Walter Burley Griffin den weltweit ausgeschriebenen Wettbewerb für die neue Hauptstadt. Er plante sie als Gartenstadt. Seit 1915 wurden jedes Jahr Tausende von Bäumen gepflanzt, bis schließlich die Hälfte der Stadt tatsächlich ein großer Park geworden war. 1927 bestellte man die Umzugskartons und das Parlament zog nach Canberra, um in einem provisorischen Parlamentsgebäude die Regierungsarbeit aufzunehmen. Damals war die Stadt eine einzige Großbaustelle. Die Parlamentarier mußten noch genau 61 Jahre warten, bis das neue Parlament 1988 zur Verfügung stand. Die Arbeiten an der neuen Hauptstadt wurden mit der Einweihung des neuen Parlamentsgebäudes für abgeschlossen erklärt. Tatsächlich wurde die Stadt nunmehr zum Treffpunkt. Aus allen Teilen des Landes strömten Regierungsangestellte nach Canberra. Sie erhielten schmucke Einfamilienhäuser, etwas großzügiger angelegt als sonst im Land, sie erhielten ein gutes Gehalt, etwas mehr als sonst im Land. So wurde Canberra eine wohlhabende Stadt.

Canberra ist eine künstliche Stadt, aber trefflich angepaßt an die natürlichen Gegebenheiten des Ortes. Sie wirkt wie ein Amphitheater, umgeben von ansehnlichen Hügeln, die tatsächlich so etwas wie Zuschauertribünen abgeben: Auf dem *Mt. Ainslie*, dem *Red Hill* und dem *Black Mountain* kann man von Lookouts (Aussichtspunkten) trefflich den Schauplatz Canberra überblicken. Den spektakulärsten Blick hat man vom futuristischen *Telecom Tower* auf dem *Black Mountain*.

Der Schauplatz Canberra konzentriert sich zunächst auf den *Capital Hill* und dann auf den etwas kleineren *City Hill*, getrennt sind die beiden Hügel durch einen künstlichen See, den Lake Burley Griffin, ein Vermächtnis seines Architekten. Auf dem Capital Hill erhebt sich das *New Parliament House*. Optisch dominiert der 81 Meter hohe Stahlflaggenmast. Das großzügige Parlamentsgebäude selbst versteckt sich unter einem Grasdach, das ein bißchen an einen Bunker erinnert. So witzeln die Australier auch, daß es nur in ihrem Lande möglich wäre, den Politikern „auf dem Kopf herumzutrampeln". Es wirkt tatsächlich eigenwillig, das Gebäude unter der Erde zu betreten, schließlich über Marmortreppen in die großzügige Welt des ersten Stocks zu gelangen. Beide Kammern, der Senat und das Repräsentantenhaus sind im 1. Stock untergebracht.

Um den Capital Hill ist ringförmig alles angeordnet, was man im politischen Leben benötigt: Botschaften, Büros, Ministerien, der Gerichtshof, Institute, Nationalgalerie. Es folgen die Wohnviertel mit Schulen, kleinen Läden.

Das Zentrum der Stadt befindet sich allerdings auf der anderen Seite des Sees um den City Hill, selbstverständlich viel kleiner als der Capital Hill. Shopping Centres, Läden und Büros umgeben ihn ringförmig. Auch die Staatsuniversität befindet sich gleich in der Nähe.

Canberra ist eine sauber geordnete Stadt. Sie kennt keine Hektik. Sie ist eine anständige Stadt. Sie kennt keine Kriminalität. Sie ist eine intelligente Stadt. Die meisten Akademiker pro Einwohner leben in Canberra. Sie ist es wert, gesehen zu werden, aber sie ist es nicht wert, in ihr gelebt zu haben.

Wir haben die Besichtigung Canberras auf zwei Tage verteilt. Nach unserer Ankunft am Spätnachmittag konnten

Inneren eindruckt das rlament durch ne großzügige rmgebung.

wir noch das New Parliament House besichtigen, das bis 17.00 Uhr geöffnet hat. Danach haben wir bis zum Einbruch der Dunkelheit eine kleine Rundfahrt durch das Regierungsviertel angeschlossen. Am nächsten Tag, vormittags, bummelten wir durch das Zentrum und fuhren anschließend zum *Australian War Memorial*. Die Australier, die keinen Krieg im eigenen Land erlebten, nahmen getreulich an allen Commonwealthkriegen teil. Das War Memorial ist das kriegsstolze Mahnmal dazu. Es zeigt sehr anschaulich alle Kriegsschauplätze, auf denen australische Truppen gekämpft haben. Hat man dann noch genügend Zeit, kann man auf den *Black Mountain* (812 m) hoch fahren (westlich des City Hills, hinter der Universität).

Tip: In Canberra gibt es eine Explorer Buslinie. Sie verbindet alle Sehenswürdigkeiten der Stadt. Eine Tour dauert eine Stunde. Möchte man eine Sehenswürdigkeit genauer besichtigen, kann man auch aussteigen und mit dem nächsten Bus weiterfahren.

Die Eingangshalle in Marmor ist zweifelsohne der repräsentativste Teil des Parlamentgebäudes.

2.Tag: nachmittags
3. Tag: vormittags

Highlights:
● *Parliament House auf dem Capital Hill, Regierungsviertel*
● *City Hill: ein Hügel mit einer Flagge, darum herum die Fußgängerzone von Canberra*
● *War Memorial (Museum und Gedenkstätte)*
● *Black Mountain Lookout*

Wir verlassen *Canberra* über den Monaro Hwy., der durch karges Weideland führt. Nicht nur wir bemerken, daß es mittlerweile empfindlich kalt geworden ist, die Landschaft ist geprägt durch das rauhe Klima. Auf der Hochebene wachsen keine Palmen, die üppige Vegetation hört ohne Übergang schlagartig auf. Nur die Schafe scheinen sich hier

ns industrielle Zentrum Melbourne

noch wohl zu fühlen. Sie grasen mit großer Ausdauer zu beiden Seiten des Highways. Ein verschlafenes Bauernnest ist *Cooma*, wohin es die ersten Siedler bereits 1823 verschlagen hat. *Cooma* rühmt sich, „gateway" der Snowy Mountains, dem australischen Skigebiet zu sein. Zu Winterszeiten soll es hier mit einiger Sicherheit ausreichend Pulverschnee geben; kein Wunder, schließlich ist der höchste Berg der *Snowy Mountains* (und gleichzeitig der höchste Berg Australiens), der Mt. Kosciusko, 2228 Meter hoch. (Informationen über die Schneeverhältnisse erhält man beim *Snowy Mountains Authority Centre*.) Wir holen solche Informationen nicht ein, da es uns zur wärmeren Küste zieht. Zuerst folgen wir dem Snowy Mountains Hwy., der noch 46 km gemeinsam mit dem Monaro Hwy. verläuft, dann aber fahren wir in engen Serpentinen durch Eukalyptuswälder hinunter an die Küste. Schöne Aus-

blicke (Lookouts) auf die Bergwelt würzen die kurvenreiche Fahrt.

In Küstennähe ist es merklich wärmer geworden. Wir freuen uns, in den Frühling zurückgekehrt zu sein, als wir bei *Bega* wieder den Princes Hwy. erreichen. Die Einheimischen sagen: „Say cheese and you say Bega." Die kleine, 11 000 Seelen zählende Stadt hat sich einen Namen mit ihrer Käseindustrie erworben. Die Cheddar Cheese Factory kann selbstverständlich besichtigt werden, uns zieht es so schnell wie möglich zum Meer. Bei *Merimbula* erreicht der Highway die Küste und wir freuen uns an den herrlichen Ausblicken auf den Pazifik. Zugegeben, an der Küste wird es im Winter nicht so warm, daß man sich in die Meeresbrandung stürzen könnte, aber ein Spaziergang an den feinen Sandstränden entschädigt uns auch. Spaziergänge kann man auch in *Eden* unternehmen, einem kleinen, paradiesischen Badeort an der Saphirküste. Bis in die 20er Jahre hinein gab es hier über hundert Jahre lang eine Wahlfängerstation. Auf ihre Fischfangflotte sind die Einwohner aber heute noch stolz. Diese liegt am Nachmittag

Ruhig fließt der Snowy Mountain River dem Meer entgegen.

Ins industrielle Zentrum Melbourne

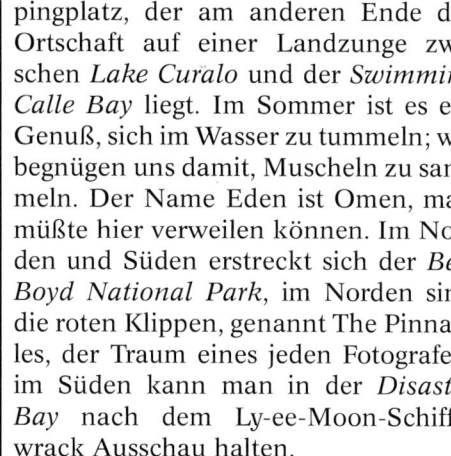

Die Briefkästen stehen an der Hauptstraße. Die Bewohner der etwas abseits gelegenen Farmen übernehmen den letzten Teil der Postbeförderung selbst.

Orbost besitzt keine große Bedeutung; aber wie diese Straßenzeile sehen viele Straßen in vielen Orten des australischen Hinterlandes aus.

bereits fest im Hafen vertäut. Wir schlendern am Hafen entlang und gehen bis zur Felsspitze hinaus, die ins Meer ragt. Dort steht die Seamen's Memorial Wall, den Fischern gewidmet, die das Meer nicht hat zurückkehren lassen. Vom Rotary Park daneben genießen wir den schönen Ausblick. Leider bleibt keine Zeit mehr, das Killer Whale Museum zu besichtigen, es hat bereits geschlossen. Dennoch wollen wir es empfehlen. Noch vor Einbruch der Dunkelheit erreichen wir den Cam-

pingplatz, der am anderen Ende der Ortschaft auf einer Landzunge zwischen *Lake Curalo* und der *Swimming Calle Bay* liegt. Im Sommer ist es ein Genuß, sich im Wasser zu tummeln; wir begnügen uns damit, Muscheln zu sammeln. Der Name Eden ist Omen, man müßte hier verweilen können. Im Norden und Süden erstreckt sich der *Ben Boyd National Park*, im Norden sind die roten Klippen, genannt The Pinnacles, der Traum eines jeden Fotografen, im Süden kann man in der *Disaster Bay* nach dem Ly-ee-Moon-Schiffswrack Ausschau halten.

Der Princes Hwy. führt landeinwärts durch dichte Eukalyptuswälder. Fast unbemerkt passieren wir die Grenze zwischen *New South Wales* und *Victoria*. Das war nicht immer so. Früher konnte man von Sydney leichter nach England reisen als nach Melbourne.

Ist man schon fahrmüde? Dann bietet sich *Mallacoota* als Halbtagesausflug an. Zwar sind es nur 24 km von *Genoa* nach *Mallacoota*, aber so schnell kann man sich vom *Croajingolong National Park* nicht losreißen. Da ist zunächst das Mallacoota Inlet, zwei Seen mit vielen Wasserarmen, die vom Wallagaraugh und Genoa River gespeist werden. Schwimmen, tauchen (im Sommer) und wandern kann man nach Herzenslust. Eine „gravel road" führt zu den Überresten der alten Stadt, wo man noch einige Pionierhäuser besichtigen kann; ein Spaziergang über den Pionierfriedhof erinnert an alte Zeiten. Tatsächlich hat sich hier in den letzten 200 Jahren wenig verändert. Der gleiche Charme der Landschaft, dem wir heute erliegen, beeindruckte auch die ersten Entdecker wie James Cook und George Bass.

Vom Highway bietet sich kein Ausblick

auf den Pazifik. Er verläuft im Landesinneren durch weite Eukalyptuswälder. Allmählich treten sie zurück und wir fahren durch fruchtbares Acker- und Farmland. Mittelpunkt ist das Landstädtchen *Orbost*. Eigentlich gibt es keine Sehenswürdigkeiten in diesem Ort, vielleicht machen wir gerade deswegen hier Rast und spazieren die Hauptstraße entlang, schauen in die Läden, genießen die ruhige Atmosphäre des Landstädtchens. Wir entschließen uns zu einem Abstecher entlang dem Snowy River nach *Marlo* (14 km), um den Blick auf das Meer zu genießen. Da gibt es nichts „Außergewöhnliches" zu sehen, an die wunderbaren Strände haben wir uns eigentlich viel zu schnell gewöhnt.

Bei *Lakes Entrance*, einem kleinen Ferienort mit 5500 Einwohnern, führt der Highway zum Meer. Wie der Name schon andeutet, ist dieser Ort das Tor zu den *Gippsland Lakes*, ein Netzwerk von miteinander verbundenen Lagunen und Flüssen, die sich 36000 Hektar weit hinziehen. Vorgelagert ist die Dünenlandschaft der *Ninety Miles Beach*, die eine natürliche Barriere und wirksamen Schutz für die Seenlandschaft darstellt. Der einzige Ausgang dieses Seenlabyrinths in die offene See ist die kleine Landlücke bei *Lakes Entrance*. (Ein Souvenirtip: Sehenswert ist das Big Boomerang, ein Aborigines Kunstmuseum, in dem man auch Kunstgegenstände der Ureinwohner kaufen kann.) Es versteht sich von selbst, daß die Seen ein Naturschutzgebiet sind. Im Lakes National Park werden Fauna und Flora bewahrt.

Der Princes Hwy. führt in weitem Bogen um die Seenlandschaft herum. Mittelpunkt des Hinterlands ist *Bairnsdale*, dessen Bewohner auf die St. Ma-

ry's Church stolz sind. Der rote Backsteinbau entstand 1913. Frank Floriani, ein italienischer Einwanderer, schuf die malerische Ausgestaltung. Wir folgen dem Princes Hwy. bis *Sale*, einem Industrieort, der mehr den Eindruck eines „green village" macht. Von *Sales* aus wenden wir uns auf dem Gippsland Hwy. (benannt nach dem Küstengebiet „Gippsland", das bis Melbourne reicht) der Küste zu. Wir wollen unbedingt noch einen Abstecher zur *Ninety Miles Beach* machen und fahren nach *Seaspray*, einem kleinen (auch langweiligen) Ort, von dem aus man aber gut die Lagunenwelt erkunden kann. Wir werden mitten im Erkunden von der Nacht überrascht, die schlagartig hereinbricht. Wir fahren zurück nach *Seaspray*, müssen aufgrund schlechter Beschilderung etwas suchen, bis wir den Campingplatz finden. Da sind wir doch froh, daß *Seaspray* nur ein kleines Nest ist.

Der Gippsland Hwy. führt durch flaches, fruchtbares Farmland, Rinder und Schafe grasen auf beiden Seiten der Fahrbahn, immer wieder unterbrechen Farmgehöfte das Grün des Landes. Wir haben uns entschlossen, von *Yarram* aus nach Norden in den *Tarra Bulga National Park* (ca. 30 km) zu fahren. Der Park ist relativ klein und übersichtlich, mit Straßen gut erschlossen und bekannt für seine sehenswerte Regenwaldvegetation. Nach kurzer Anfahrt steigt der Weg in Serpentinen bergan. Der Asphaltbelag hört zwar auf, aber auf glattem „gravel"-Belag läßt es sich immer noch gut fahren. Die Eukalyptusbäume werden bald von Farnen unterbrochen, die mannshoch wachsen. Das Sonnenlicht durchdringt kaum mehr das Blätterdach, dafür können wir die Feuchtigkeit mit Händen

41

*Wild ist die Fels-
landschaft der
Whiskey Bay auf
Wilson's Prom.*

*Romantisch wirkt
im Abendlicht
die Fluß- und
Seenlandschaft
bei Longford.*

fassen. Der Straße könnten wir nun bis zum Princes Hwy. folgen; wir wollen jedoch an der Küste entlang weiterfahren und kehren daher nach *Yarram* zurück. 42 km sind es noch auf dem Gippsland Hwy. bis nach *Foster*, dem „gateway" zum *Wilson's Promontory National Park*.

Der „*Prom*" (absolutes Besichtigungsmuß; einer der wenigen Nationalparks, die Eintritt kosten) ist der südlichste Zipfel des australischen Festlands und einer der größten und beliebtesten Naturparks Australiens. Eigentlich war der *Prom* einmal, vor mehr als 100 000 Jahren, eine Insel. In der schmalen Meerenge sammelte sich aber immer mehr Sand, bis eines Tages eine Landverbindung bestand. Wir erkennen noch recht deutlich diesen Sandeinbruch, den Yanakie Isthmus, den wir überqueren, um auf die „Insel" Prom zu

gelangen. Von Ost nach West verlaufen auch heute noch zwei Dünenformationen, bekannt als „The Nobbies" und „Big Hummock", die als Indiz für die Inselvergangenheit gelten. Einstmals hatte man auf ihnen einen „Viehausblick" eingerichtet, als noch Kühe auf dem Prom grasten. Die Naturschützer setzten sich 1905 durch. Der Nationalpark wurde eingerichtet, die Kühe mußten ihre Weideplätze verlassen. Wir fahren zunächst durch schier undurchdringliches Buschland, als sich unvermittelt vor uns das Grasland öffnet. Und da sehen wir auch die ersten Känguruhgruppen in freier Wildbahn. Voller Begeisterung pirschen wir uns heran. Possierlich anzusehen ist es, wenn die Känguruhs sich erheben, ihre Ohren anlegen, sich unter dem Arm kratzen und dann, als wir noch einige Meter entfernt sind, schnell davonhop-

sen. Auf der anderen Straßenseite stolzieren Emus durch das Grasland und auf einem Strauch sitzen weiße Gelbhaubenkakadus und unterhalten sich lautstark. Im Hintergrund sehen wir den Mt. Vereker, 637 Meter hoch. Ihn kann man aber nur auf Schusters Rappen besteigen. Wir überqueren den Darby River, von nun an bieten sich von der Straße schöne Ausblicke auf das Meer. Um an den Strand zu kommen, muß man ein bißchen klettern. Es lohnt sich: Wir laufen hinunter zur Whisky Bay. Durch üppige Strandflora windet sich ein Weg zur Felsenküste. An der ersten Sandbank hört er auf. Wir müssen uns nun den Weg selbst suchen, über Felsen und zwischen kleinen Sielen. Da zieht man am besten Schuhe und Strümpfe aus und genießt das herrliche Panorama von Sonne, Felsen und Meer. Am beliebtesten bei den Besuchern ist die Norman Bay bei *Tidal River*, dem Ende der Straße. Bei der Information kann man sich Anregungen holen, was man auf dem Prom noch alles unternehmen kann. Wanderwege führen vor zur Spitze und vorbei an noch manchen herrlichen und ein-

samen Stränden. Wir begnügen uns mit einem kleinen Wombat, das wir streicheln und sehen den Papagaien und Regenbogenlorries zu, die sich in den Bäumen lautstark zanken. Gründlich kennenlernen kann man den Prom nur auf Schusters Rappen. Der empfehlenswerteste Wanderweg ist der Lilly Pilly Gully Nature Walk (5 km, ca. 3 Std.), der kurz vor der Abzweigung nach *Tidal River* in die Berge führt. Auf dem Spazierweg kann man erleben, wie spannend der australische Busch ist. Ist man ruhig, hört man den vielfältigen Gesang der Vögel. Zu beachten ist auch die karge und widerstandsfähige Hochlandvegetation. 1951 brach auf dem Mt. Bishop ein Buschbrand aus, der die gesamte Vegetation vernichtete. Aber bereits ein Jahr später bedeckte ein grüner Teppich die Brandwunden.

Von *Foster* ist es über den Gippsland Hwy. nur „ein Katzensprung" bis *Korumburra*, auch heute noch Mittelpunkt der Kohleindustrie. Wir lassen uns in die „alten Tage" des Kohlebergbaus von *Coal Creek* entführen. Das historische Freilandmuseum zeigt mit über 40 Gebäuden und originaler Ausstattung sehr anschaulich Leben und Arbeitswelt Ende des 19. Jahrhunderts. Wir spazieren durch die Hauptstraße, sehen den Handwerkern zu: Schumacher, Friseur und Schmied führen uns ihr Handwerk vor. Im General Store kann man noch immer einkaufen, auch wir erstehen einige Souvenirs, im Printing Office werden noch wie damals Steckbriefe gedruckt (wenn man will mit dem eigenen Namen). Die Kirche, die Schule und einige Wohnhäuser lassen uns einen interessanten Einblick vom Alltag der Kohlenarbeiter gewinnen. In der Kohlenmine können wir schließlich die Arbeitswelt kennenler-

Eine amüsante Show bieten die Känguruhs bei jedem Zusammentreffen.

44

Coal Creek kann an das Leben der australischen Pioniere in Reinkultur erleben: der Blick in ein Schlafzimmer.

nen und wir beobachten, wie die Kohle in einen Güterzug verladen wird.

In *Korumburra* verlassen wir den Gippsland Hwy. und fahren nach *Wonthaggi*, wo ebenfalls der Kohlebergbau dominiert. Es ist möglich, in eine still gelegte Kohlemine einzufahren (East Area, Garden Street).

Von *Wonthaggi* schließlich folgen wir noch 18 km dem Bass Hwy. und biegen dann nach *Phillip Island* ab. Nach dem Great Barrier Reef und Ayers Rock ist *Phillip Island* die drittgrößte Touristenattraktion des Landes. Das verdankt die Insel den Pinguinen, die täglich bei Sonnenuntergang an einer bestimmten Stelle der Insel an Land gehen, um in ihren Nestern zu nächtigen. „Penguin Parade" nennt man dieses Ereignis. Eine Brücke führt von *San Remo* nach *Newhaven*, der ersten Stadt auf *Phillip Island*. Linker Hand befindet sich das Informationszentrum, in dem unbedingt die Tickets für die Penguin Parade gekauft werden sollten. Es kann vorkommen, daß die „Show" ausgebucht ist. Nur einen Kilometer weiter kommen wir zum Australian Dairy Centre (auf der anderen Straßenseite). In

einem Museum werden wir über Milchverarbeitung seit alters her aufgeklärt, im Coffeeshop nebenan können wir all die Milch- und Käseköstlichkeiten versuchen, im Laden schließlich kaufen wir neben Souvenirs auch Käse und Milch ein.

An der Phillip Island Road befindet sich ein Koala Reserve. Wie viele andere Besucher suchen wir die Kronen der Eukalyptusbäume nach Koalas ab. Aber den scheuen Tierchen ist selbstverständlich der Rummel zu viel geworden und sie haben sich in stillere Gefilde zurückgezogen.

Ebenfalls an der Phillip Island Road finden wir den Phillip Island Wildlife Park. Nicht als traditioneller Zoo soll der Park verstanden werden, sondern als Streichelzoo, in dem man Känguruhs, die kleineren Wallabies und Wombats füttern und streicheln darf.

Ein Paradies für Vögel ist das Rhyll Inlet. Vom Observation Point aus kann man die Vogelwelt in Ruhe beobachten. Die Westspitze der Insel ist ein Nationalpark. Auf Stegen kann man bis zu einem impossanten blowhole laufen, aus dem bei jeder Welle Fontänen in den Himmel steigen. Weiter draußen liegen zwei kleine Inseln, The Nobbies, an denen sich die Wellen brechen. Noch etwas weiter draußen im Meer sieht man die Seal Rocks, auf denen sich im Sommer bis zu 6000 Seehunde aufhalten. Auch die kann man natürlich aus aller Nähe miterleben, aber dazu muß man ein Schiff in *Cowes* besteigen. Die Buchung ist rechtzeitig im Information Centre vorzunehmen. In drei Stunden hatten wir die Insel mit ihren wichtigsten Sehenswürdigkeiten erkundet, so daß wir uns pünktlich eine Stunde vor Sonnenuntergang bei der Penguin Parade einfinden konnten. Ein

*Mittelpunkt
von Melbourne
ist die Flinders
Street Station.*

kleines Museum liefert anschaulich Hintergrundinformationen zu den Pinguinen, die hier jeden Abend an Land gehen. Sie nennen sich Fairy Penguins, sind mit circa 33 cm die kleinste Pinguinart. Zum einen wird zwar um Rücksichtnahme gegenüber den Pinguinen gebeten, Abfälle sollen nicht weggeworfen werden, die Fotografen sollen kein Blitzlicht verwenden. Auf der anderen Seite hat man jedoch große Tribünen aufgebaut, auf denen mehrere Hundert Besucher Platz finden. Aus Melbourne werden sie in Buskarawanen herangebracht, besonders viele Japaner sind darunter. Wird eine solche Attraktion so konsequent touristisch ausgereizt, erscheinen die Hinweise auf Rücksichtnahme eher als ein Lippenbekenntnis, denn gerade dies fordert Abfallberge und verbotenes Blitzlicht heraus. Im August beginnt die Brutzeit. Die Männchen suchen sich verlassene Baue, kämpfen um diese, stellen sich zur Schau, bis sie ein geeignetes Weibchen gefunden haben. Zusammen richten sie dann den Bau her, machen ihn mit Gras und Blättern so richtig gemütlich. Die Pinguine legen genau zwei weiße Eier, die 35 Tage lang ausgebrütet werden müssen. Dabei wechseln sich die Elternteile ab. Auch wenn die Jungen geschlüpft sind, wechseln sich die Elternteile beim Füttern ab. Frühmorgens schwimmen die Pinguine hinaus auf das Meer, um Futter zu suchen, am Abend bei Sonnenuntergang kommen sie wieder zurück. Dann steigen sie vor all den Zuschauern aus dem Wasser, äugen mißtrauisch umher, andere Pinguine folgen, stehen in Gruppen am Strand. Einer rennt wieder zurück ins Meer, die anderen hinterher. Bald darauf starten sie einen neuen Versuch, der wird aber wieder abgebrochen, als einer die Nerven verliert und ins Wasser zurückrennt. Schließlich haben sie genügend Mut gesammelt, watscheln aufrecht auf die Zuschauertribüne zu, von der mindestens ein Zuschauer sie mit einem Blitzlicht empfängt. Dann klettern sie unter der Tribüne hindurch zu ihren Nestern.

Der Anblick ist tatsächlich ein Erlebnis, den Pinguinen würde man jedoch wünschen, an einem ruhigeren Ort ihren Tag beenden zu können. Der Aufmarsch der Pinguine, die aus dem Meer kommen und zielstrebig ihren Nestern zueilen, ist jedenfalls würdevoller als das Verhalten mancher Touristen.

Auf der Fahrt nach *Melbourne* über den Bass Hwy. kommen wir zur Giant Worm Attraction. Nun sind Würmer allgemein bekannt und keine Seltenheit, aber die australischen Würmer sind eben doch die längsten der Welt. Werden die europäischen Regenwür-

mer gerade 10 Zentimeter lang, bringt es die australische Gattung der Erdwürmer dagegen auf bis zu fünf Meter. So richtig wissenschaftlich erforscht sind diese Riesenwürmer noch nicht, aber man hat schon einmal eine Touristenattraktion eingerichtet, das Giant Worm Museum. Bereits der Bau ähnelt einem riesigen Wurm, im Inneren beschäftigt man sich etwas plakativ mit den Wurmfakten.

Der Bass Hwy. stößt auf den Gippsland Hwy., der wiederum auf den Princes Hwy. Die vereinigten Highways führen schließlich nach *Melbourne*.

Ins industrielle Zentrum Melbourne

Gesamt: 1235 km, vier Tagesetappen:
3. Tag: Canberra bis Eden: 288 km
4. Tag: Eden bis Seaspray: 416 km
5. Tag: Seaspray bis Tidal River (Wilson's Promontory National Park): 210 km
6. Tag: Tidal River bis Newhaven (Phillip Island): 212 km
(ohne Ausflüge)

3. Tag:
Highlights:
● *Cooma, „gateway" zu den Snowy Mountains*
● *Bega, Käsestadt*
● *Merimbula und Lake Merimbula*
● *Eden (Killer Whale Museum, Lake Curalo)*
Camping, Eden:
Eden Tourist Park, Aslings Beach, Tel.: 064/961139
ein sehr schön gelegener Campingplatz unterhalb des Ortes zwischen Pazifikküste und Lagune
4. Tag:
Highlights:
● *Mallacoota und Mallacoota Inlet (Croajingolong National Park)*
● *Lakes Entrance und The Lakes National Park*
● *Bairnsdale (St. Mary's Church)*
● *Seaspray, Ninety Miles Beach und Gippsland Lakes*
Camping, Seaspray:

Seaspray Caravan Park, Tel.: 051/464364
ein Campingplatz „für eine Nacht"
5. Tag:
Highlights:
● *Foster, „gateway" zum Wilson's Promontory Park*
● *Wilson's Promontory National Park*
Camping, Wilson's Prom:
In Tidal River befindet sich ein Campingplatz mit über 500 Stellflächen – sehr empfehlenswert. Der einzige Nachteil ist, daß es keinen Stromanschluß gibt. Insbesondere im Winter kann es ohne Heizung recht kalt werden.
6. Tag:
Highlights:
● *Korumburra, Coal Creek*
● *Wonthaggi, Kohlemine*
● *Phillip Island (Penguin Parade, Rhyll Inlet, The Nobbies)*
Camping, Phillip Island:
Newhaven Caravan Park, Tel.: 059/567227
Auf Phillip Island gibt es eine Vielzahl von Campingplätzen. Wir wählten den ersten Campingplatz auf der Insel, in unmittelbarer Nähe von Newhaven. Dieser Platz ist besonders gut geeignet, wenn man am nächsten Tag zeitig weiterfahren möchte. Der Campingplatz ist direkt am Meer gelegen und läßt in der Ausstattung keine Wünsche offen.

Wir haben Bekannte, die in Melbourne wohnten. Sie fragten wir bereits vor der Reise, was es in Melbourne zu sehen gäbe. Sie begannen spontan, voller Überschwang zu erzählen, um bald darauf inne zu halten. Was kann man eigentlich in Melbourne besichtigen? Nach unserem Rundgang durch Melbourne ziehen wir den vielleicht etwas

gierung den Kauf umgehend ungültig, aber nur, um das Land selbst zur Besiedelung freizugeben. Man fertigte einen Stadtplan an, streng im Schachbrettmuster und nannte den entstehenden Ort Melbourne nach dem gerade amtierenden britischen Premierminister. Diesen Plan erkennt man heute noch im rechtwinkligen Verlauf der Straßen

Melbourne glänzt im futuristischen Hochhauslook.

Melbourne, der zweite Sieger

einseitigen Schluß, daß man Melbourne ruhig vergessen kann. Ignoriert man die Stadt, hat man nichts versäumt. Folgt man jedoch dem Princes Hwy., kann man der Stadt gar nicht entkommen. Man muß sie einfach durchqueren. Dann kann man ihr auch drei Stunden widmen und durch die Innenstadt schlendern, vorausgesetzt, man findet einen Parkplatz für den Camper. In drei Stunden „schafft" man gerade die City mit den wichtigsten Sehenswürdigkeiten. (Hinweis: Die besten Parkchancen hat man zwischen Fitzroy Gardens und Yarra Park, den beiden Grünflächen östlich des Stadtzentrums.)

Ähnlich wie einst die Holländer Manhattan Island gekauft hatten, erwarb 1835 John Batman entlang des Yarra River 243 000 Hektar bester Siedlungsfläche von den Aborigines gegen eine ansehnliche Sammlung von Decken, Messern, Tomahaks, Spiegeln und anderem Tand mehr. Zwar machte die Reder Innenstadt. Die Stadt wuchs sehr schnell. Immer mehr Siedler ließen sich in ihr und um sie voller Hoffnung nieder. Das hatte zwei wichtige Folgen: Zum einen löste sich die Region Melbourne bald von New South Wales, schon 1850 wurde Victoria selbständige Kolonie. Zum anderen bedrängten die weißen Zuwanderer die Aborigines massiv und vernichteten sie fast. Bereits 1856 lebten nur noch ungefähr 800 Eingeborene in Victoria gegenüber der stolzen Zahl 15 000 von einst. In den 50er Jahren verführte der „goldrush" erneut Menschen, in die Region zu ziehen. Melbourne galt als die europäischste Stadt Australiens: Stolz war man auf die baumbestandenen Alleen und sehenswürdigen Kolonialbauten. Nicht zuletzt aufgrund der reichen Goldfunde wurde Melbourne das Finanzzentrum des Landes, eine Position, die die Stadt bis heute nicht abgegeben hat. 2,7 Millionen Einwohner zählt Melbourne heute, weniger, so stellt man bedauernd fest, als Sydney mit seinen 3,5 Millionen. Und schon befinden wir uns bereits wieder, wie das jedem Gespräch, jedem Artikel anhaftet, inmitten des latenten, manchmal auch offen ausgetragenen Konkurrenzkampfes zwischen Melbourne und Sydney.

Es gibt viele Städte, die sich an ihrem Nachbarn messen lassen müssen – und Wettbewerb empfinden wir als etwas Natürliches. Gleiche Regeln gelten auch in Australien. Sydney und Melbourne bewerben sich um den ersten Rang. Welche Stadt ist die schönste, die tüchtigste, die quirrligste? Da ist Sydney zunächst die ältere Stadt, seit ihrer Gründung 1788 war sie auch die Hauptstadt von New South Wales. Hauptstadt zu sein, kann Melbourne erst seit 1850 für sich in Anspruch nehmen. Dafür beherbergte Melbourne von 1901 bis 1927 im Commonwealth of Australia das Parlament, allerdings nur provisorisch, bis der ganze Regierungstross in die neue Hauptstadt Canberra umzog. Melbourne reklamiert für sich, Finanzzentrum des Landes zu sein, und viele internationale Konzerne haben ihren Hauptsitz in Melbourne eingerichtet. Die Bewohner von Melbourne sind zuverlässiger, arbeiten mehr, sind moralisch gefestigter, so beschreibt das ein in Melbourne residierender Manager. Das kann wohl möglich sein. Schließlich siedelten freiwillige europäische Einwanderer in Melbourne und ihre Nachkommen bestimmen die Geschicke des Landes noch heute. Sydney ist dagegen nur eine Sträflingssiedlung gewesen.

Melbourne ist eine geplante Stadt, am Reißbrett entstanden. Die Straßen der Innenstadt stehen zueinander im rechten Winkel, exakt und ohne Ausnahme. Sydney bietet dagegen ein Durcheinander von Straßen. Sie passen sich der Küste an, kaum eine Straße ist gerade zu nennen. Sydney ist eine organische Stadt – zugegeben, sie ist etwas unübersichtlich geworden, aber schön allemal. Melbourne ist eine moralische Stadt. Die gottesfürchtigen Siedler aus England brachten Ehrfurcht und Moral mit. Daher geht es heute noch konservativ und puritanisch zu. In Restaurants gelten strenge Kleidungsvorschriften. Kirchen gibt es viele, ihre Gottesdienste sind gut besucht. Sydney dagegen ist das sündige Babel. Fast alles ist in Sydney erlaubt, was in Melbourne verboten ist.

Melbourne ist das Modezentrum des Landes. Die meisten australischen Modemacher haben ihren Sitz in Mel-

49

Mit der Straßenbahn kann man Melbourne am besten erleben.

Melbourne ist eine moderne Stadt; sie gilt als das Finanzzentrum des Landes.

Wenn man der Meinung ist, daß Melbourne mehr als drei Stunden „wert ist", sollte man das Auto auf dem Campingplatz stehen lassen und die Besichtigung mit den öffentlichen Nahverkehrsmitteln unternehmen. Zug, Bus oder Straßenbahn sind vorhanden. Die schönste Möglichkeit, die Stadt zu entdecken, bietet die Straßenbahn. Sie verkehrt in einem Radius von circa 20 km. Mit dem „Neighbourhood-Ticket" kann man zwei Stunden lang alle Verkehrsmittel nutzen; die „Travel Card" bietet den gleichen Service einen ganzen Tag lang. Eine andere Alternative ist der „City Explorer", ein Rundfahrtbus, der täglich ab 9.00 Uhr im Stundentakt Flinders Street Station verläßt und alle Sehenswürdigkeiten der Stadt verbindet. Man kann den Bus an jedem Halt verlassen und ganz nach Belieben besichtigen, hinterher mit dem nächsten Bus weiterfahren.

Geelong kennt keine Konkurrenzprobleme. Die Nachbarstadt an zweiter Stelle in Victoria ist einfach ein Melbourne in Kleinformat. Das Stadtmuster ist bekannt: breite Straßen durchziehen die Stadt; auf insgesamt 150 historische Gebäude ist man stolz – sicherlich sind nicht alle einen Besuch wert.

Wir haben uns in *Geelong* das National Wool Centre ausgesucht. In der alten Wollbörse von Geelong, einem Backsteingebäude aus dem Jahr 1872, kann man heute in drei Stockwerken die Schafwirtschaft, die Wollverarbeitung und den Wollverkauf studieren. Die Ausstellung ist attraktiv und anschaulich gestaltet. Man bekommt einen guten Einblick in einen der wichtigsten australischen „Wirtschaftszweige".

bourne. Die Frauen Melbourns sind besser und geschmackvoller gekleidet. Böse Zungen behaupten jedoch, daß dies lediglich am Wetter liege. In Melbourne gibt es alle vier Jahreszeiten und diese manchmal an einem einzigen Tag. Da müsse man sich eben häufiger umziehen, da müsse man mehr Kleidung kaufen, da sei für die Modeindustrie eine größere Käuferschicht vorhanden. In Sydney dagegen herrsche nur Sommer und Frühling und Frühling und Sommer. Da genügen ein paar dünne Kleidungsstücke.

Melbourne ist sicherlich kein touristisches Zentrum. Drei Stunden Melbourne, drei Tage Sydney, so lautet das Urteil der meisten Touristen.

7. Tag: Newhaven bis Melbourne
Besichtigung von Melbourne/Geelong

7. Tag:
Highlights (Melbourne):
- *Flinders Street Station (alte viktorianische Eisenbahnstation)*
- *St. Paul's Cathedral*
- *die City, begrenzt durch Flinders und Latrobe Street sowie durch Spring und Spencer Street*
- *die Mall in der Bourke Street (Fußgängerzone)*
- *Chinatown (Little Bourke Street)*
- *Queen Victoria Market (Franklin Street)*
- *Victorian Arts Centre, ein bemerkenswerter Bau, in dem drei Theater und ein Kunstmuseum untergebracht sind. Gleich in der Nachbarschaft befindet sich die National Gallery of Victoria. Sie gilt als wichtiges Forum für australische Künstler.*
- *Die „Polly Woodside", ein Großsegler, der 1885 in Belfast erbaut wurde, beherbergt heute das Melbourne Maritime Museum (Liegeplatz: Ecke Normandy Road und Phayer Street).*
- *Ein wichtiges Andenken an die Weltausstellungen 1880 und 1888 ist das Royal Exhibition Building, eingerahmt von der viktorianischen Landschaft des Carlton Gardens (Ecke Nicholson und Victoria Street).*
- *In Fitzroy Gardens steht Cook's Cottage, das Elternhaus von James Cook. Es wurde 1935 in England abgebaut und nach Australien verschifft, im Fitzroy Gardens neu aufgebaut.*
Camping, Melbourne:
Caravan and Tourist Park, 265 Elizabeth Street, Coburg East, Tel.: 03/3543533
Von diesem Campingplatz aus kann man mit dem Bus 526, dann umsteigen in die Tram 19 und 20 (Bell Street), zur Innenstadt fahren.

Highlights (Geelong):
- *National Wool Centre, Ecke Brougham und Moorabool Streets, in der Nähe des Cunningham Piers.*
Camping, Geelong:
Caravan Site Billabong, 59 Barrabool Road, Belmont, Tel.: 052/436225

Über den Midland Hwy. sind es genau 87 km bis zur Goldgräberstadt *Ballarat*. Die Stadt nennt sich auch „gateway to the Victorian goldfields".

Wer es ganz stilvoll liebt, kann den Dampfzug „Melbourne Limited" wählen, der, noch ganz im Stil der Jahrhundertwende gehalten, über *Bendigo* zum Murray River dampft. Dem steht jedoch

Zwischen Gold und Wein

eindeutig entgegen, daß man im Auto sein Handwerkszeug besser verstauen kann, denn die Chance, Gold zu finden, wollen wir uns zumindest nicht durch mangelhafte Vorbereitung und Ausrüstung verderben lassen. Immerhin Gold kann man heute noch in Australien finden. In den Zeitungen liest man regelmäßig von Goldfunden. Sie sind zwar lange nicht mehr so spektakulär wie jener Nugget, den der Hamburger Bernhard Otto Holtermann am 19. Oktober 1872 bei Brathurst in New South Wales fand: 285 Kilogramm schwer, 1,40 Meter hoch und 66 Zentimeter breit. Nach dem Finder nannte man den Nugget auch „Holtermann Nugget". Und erst 1980 fand ein Ehepaar bei wochenendlichen Goldsuchen einen Klumpen von 30 Kilogramm. Daher ist der Bazillus des in den 1850er Jahren ausgebrochenen Goldfiebers auch heute noch zu spüren. Da gibt es Menschen, die lassen alles liegen und stehen und ziehen ins Outback, um nach Gold zu suchen. Manche Leute gehen während der Woche einem ganz normalen Job nach und lassen sich am Wochenende vom Goldfieber packen. Ausländer und Touristen dürfen selbstverständlich auch Gold suchen. Sie benötigen lediglich eine Schürflizenz (entweder ein „Miner's Right" oder eine „Fossicker's License"), die man bei den lokalen Behörden ohne große Formalitäten erhält. Sie kostet zwischen zwei und zehn Dollar. Eine Goldgräber-Pfanne benötigt man heute nicht mehr. Aber man sollte sich einen Metalldetektor besorgen, ein Gerät, das anzeigt, wo es sich zu graben lohnt. Für ungefähr 100 Dollar kann man das Gerät in jedem Kaufhaus kaufen oder für 10 Dollar pro Tag mieten. Daneben braucht man nur eine Schaufel und eine Spitzhacke, dann geht es los. Eine einzige goldene Regel gibt es noch zu beherzigen. Man sollte nie in einem Gebiet schürfen, in dem bereits ein anderer gräbt. Die Australier sind zwar allesamt freundliche Menschen, aber beim Gold hört jeder Spaß auf.

Im Jahr 1851 fand William Johnson aus Sydney eher zufällig Goldspuren im felsigen Gestein um *Ballarat*. Die Nachricht war nicht geheim zu halten. Aus allen Teilen des Landes kamen die Goldsucher und überschwemmten das kleine Nest *Ballarat* und die Region.

Ballarat ist die Goldgräberstadt schlechthin. In Sovereign Hill befinden wir uns im 19. Jahrhundert. Geschäfte, Hotels, Pubs, Wohnungen, Damen und Herren der Gesellschaft sowie Goldgräber, Postkutschen und Zeitungen sind originalgetreu bis ins letzte Detail gestaltet. Wir laufen über die Goldfelder, besichtigen ein chinesisches Dorf (1859), die Goldgräberstadt (1854), ein Grubenmuseum (1861) und fahren mit der Postkutsche. Gegenüber befindet sich das Goldmuseum, in dem sogar echte Goldklumpen zu besichtigen

sind. Selbstverständlich werden wir im Museum auch auf die Eureka Stockade hingewiesen, den einzigen bewaffneten Aufstand in Australien. (In *Eureka*, einem östlichen Vorort von Ballarat befindet sich eine Gedenktafel.) Auch die britische Regierung wollte selbstverständlich an dem „goldrush" teilhaben und erhöhte mehrmals den Preis für die Schürflizenz. Die Goldgräber meuterten, schürften schwarz, Militär zog auf, um die Lizenzgebühren einzutreiben, bewaffnete Goldgräber empfingen sie mit einem Kugelhagel. Tote gab es zu beklagen, die Militärs beendeten den Aufstand, auf den die Australier dennoch stolz sind.

Der Midland Hwy. windet sich nördlich von *Ballarat* durch waldiges Hügelland. Überall fallen alte Schachtanlagen und verlassene Geisterstädte auf. *Daylesford* hat den „goldrush" dank seiner Mineralquellen überlebt. Die Stadt wirbt mit dem Spruch: „Drink it, bath in it, take some home." Viele Schweizer und Italiener liessen sich im 19. Jahrhundert nieder, ein Einfluß, den man auch heute noch an den historischen Gebäuden ablesen kann. Be-

sichtigt werden kann die typisch italienische Macaroni Factory, deren Nudelprodukte einen ganz besonderen Ruf genießen. Kenner führen dies auf die Mineralwasserqualität zurück.

Der Midland Hwy. bringt uns schließlich noch nach *Bendigo*, dem nördlichen Ende der Goldfelder. Seit 1840 lebten einige Schafhirten in dieser Gegend. Einer von ihnen hieß Bendigo. Er hatte sich eine Hütte an einem kleinen Fluß gebaut, den man bald Bendigo's Creek nannte. Auf den Höhepunkten der „goldrush"-Zeit nannten die Zeitungen den Ort Castelton. Die englischen Behörden tauften ihn Sandhurst. Die Einwohner blieben bei Bendigo, bis auch die Behörden ein Einsehen hatten und diesen Namen 1891 offiziell festschrieben. In *Bendigo* hat man in den „goldrush"-Zeiten viel Geld verdient. Das sieht man heute noch recht eindrücklich, wenn man durch die Pall Mall oder die View Street spazieren geht. Die Goldfields Tourist Route ist in der Stadt bestens ausgeschildert, so daß alle Attraktionen leicht zu finden sind: Die Central Deborah Gold Mine in der Violet Street

Straßenszene aus den Goldgräberzeiten (Sovereign Hill, Ballarat)

(eine für Touristen hergerichtete Goldmine), das Gold Mining Museum in Eaglehawk und Sandhurst Town (eine für Touristen aufgebaute Goldgräberstadt; 12 km außerhalb von Bendigo, Eaglehawk, Sandhurst Town Road). Wer von aufregenden Goldfunden stilvoll abschalten möchte, kann sich dem flüssigen Gold widmen. Viele italienische Weinbauern haben sich um *Bendigo* herum niedergelassen und den Weinbau eingeführt und kultiviert. Viele Weinkellereien laden zu einer Kostprobe ein. Weinkellereien finden wir auch noch auf dem Weg nach Süden in Richtung *Maryborough*, *Avoca* und *Ararat*. In diesen Städten treffen wir immer wieder auf Relikte aus der Goldgräberzeit, verlassene Häuser und Siedlungen, eingestürzte Stollen und Einwohner, die jedem gerne verschmitzt lächelnd zeigen, wo man auch heute noch sicher Gold finden könne. Da wir diese Hinweise nicht ganz so ernst nehmen, wählen wir lieber die Straße von *Maryborough* über *Creswick* nach *Ballarat*.

Hier lebten einst die Goldsucher (Sovereign Hill, Ballarat).

zusätzlicher Tagesausflug:
Geelong – Ballarat – Daylesford – Bendigo – Maryborough – Creswick – Ballarat – Geelong
ca. 410 km

Highlights:
- *Ballarat (Sovereign Hill)*
- *Daylesford (Mineralquellen)*
- *Bendigo (Central Deborah Gold Mine, Sandhurst Town)*

The Twelve Apostels nennen sich die aufrechten Felsen, die im Meer der Brandung trotzen.

Die London Bridge hat erst vor einigen Jahren ein Brückenstück eingebüßt, ein Zeichen wie brüchig die Felsenwelt ist.

55

Wir verlassen *Geelong* zunächst auf dem Princes Hwy. Bald ist die *Great Ocean Road* (Nr. 100) ausgeschildert, der wir dann folgen; nach 23 km erreichen wir bei *Torquay* das Meer. Die vor uns liegende Küste trägt zwei Namen, die beide bezeichnend sind: *Surf Coast* (Die hohen und rauhen Wellen sind ein ElDorado für die Surfsportler.) und

Viel Natur nach Adelaide

Shipwreck Coast (Die rauhe See hat schon viele Schiffe an der Küste zerschellen lassen. Ihre Wracks sind wiederum ein ElDorado für geübte Taucher.) Die Fahrt auf der Great Ocean Road wird für uns zu einem unvergeßlichen Erlebnis. Das jeweilige Wetter spielt dabei keine ausschlaggebende Rolle. Im Winter toben an der Küste die Winterstürme, die abenteuerlichste Wolkengebilde ans Firmament zaubern. Im Sommer scheint die Sonne, hat sich das Meer beruhigt, so daß man auch von den Felsenklippen zum Sandstrand hinunter klettern kann.

Zu Beginn der Great Ocean Road (bei *Anglesa*) bestätigt sich für uns nochmals der Eindruck, daß Melbourne das Finanzzentrum des Landes ist. Architektonisch interessante (und nicht eben billige) Häuser klammern sich an die steile Küste, nutzen voll den herrlichen Ausblick auf das Meer.

Die Küste Victorias war einst eine Küste der Angst; Geschichten von wildem Meer, gefährlichen Felsen und Nebelbänken machten die Runde. Besonders die Küste zwischen *Cape Otway* und *Port Fairy* galt als sehr gefährlich. Über 80 Schiffe strandeten in nur 40 Jahren, Schiffe, die erfolgreich über die Meere fuhren und nun, kurz vor ihrem Ziel, an der Küste zerschellten. In *Lorne* berichtet man von Captain Louttit, der 1840 wagemutig die Ladung aus einem gestrandeten Schiffswrack barg. Bei *Port Campbell* strandete am 1. Juni 1878 der Clipper Lord Arch, der im dichten Nebel auf ein Riff auflief; nur zwei Menschen wurden lebend an Land gespült. „The Falls of Halladale" brachte Ladung aus New York nach Melbourne, als sie im Jahr 1908 auf ein Riff westlich von Petersborough auflief. Das sind nur wenige Beispiele vieler Tragödien. Kein Wunder jedenfalls, daß bei ruhiger See viele Hobbytaucher nach den versunkenen Schiffen suchen. Einen landschaftlichen Höhepunkt bietet der *Port Campbell National Park*: Wir finden hier die schönsten und faszinierendsten Felsformationen des Landes. Den absoluten Höhepunkt bilden The Twelve Apostels, einsam in der hoch aufschäumenden See stehende Felsen, die einst mit dem Festland verbunden waren. Andere Felsformationen sind Sentinel Rock, The Arch und London Bridge. Kein Fels ist dem anderen ähnlich, jede Schlucht in Form und Art einmalig. Die Sonne zaubert ebenso schöne Farben auf den Fels wie der Regen oder das tobende Meer. Atemberaubend finden wir das Schauspiel der Natur.

Die Great Ocean Road wurde in den 1920er Jahren im Rahmen einer Arbeitsbeschaffungsmaßnahme erbaut. Über 3000 Männer, meistens Opfer der Wirtschaftsdepression, profitierten mit Arbeit und Lohn.

Warrnambool bildet das Ende der Great Ocean Road. Einst eine Walfängerstation, hat sich der Ort heute als Ferien- und Sporthafen einen Namen gemacht. Eine alte Fischersiedlung auf dem Flagstaff Hill zeugt von vergangenen Zeiten. Auch an Logan's Beach knüpft man mit einer Walbeobachtungsstation an die Vergangenheit an. Im Winter soll man ab und zu in der Ferne Wale sehen können. Wer sich für die großen Meeressäugetiere interessiert und nicht auf das plötzliche Auftauchen von Walen warten will, kann deren Leben in „Australia's Southern Right Whale Nursery" studieren.

Allein zwischen *Warrnambool* und *Port Fairy* liegen über 50 Schiffe auf Grund. Unter anderem berichtet man von einem geheimnisvollen „Mahogany Ship", einem spanischen oder portugiesischen Segler, dessen Wrack erstmals 1839 circa sechs Kilometer westlich von *Warrnambool* gesichtet worden war. Letztmals wird 1880 von dem Wrack berichtet, dann scheint es unter Sanddünen begraben worden zu sein. Interessant ist, daß alte portugiesische Karten bereits die Fahrtroute eines Schiffes verzeichnen, das 1522 nach Australien gesegelt sein soll. Außerdem ist in ihnen auffallend detailgetreu die australische Südküste bei *Warrnambool* eingetragen. Sollte das Wrack wiedergefunden werden, könnte dies die Geschichtsschreibung grundlegend berichtigen, denn dann hätten lange vor James Cook Europäer die Südküste des australischen Kontinents entdeckt.

Auf halber Strecke nach *Port Fairy* verlassen wir die Küste, wenden uns nordwärts, fahren durch flaches Weideland mit vielen Schafen. Ab und zu weisen kleine Wälder auf versteckte Farmen hin. Nach circa 90 km erreichen wir *Dunkeld*, gateway zum *Grampians National Park*.

Schon von Ferne heben sich am Horizont der Mt. Sturgeon und der Mt. Abrupt gegen den Horizont ab. An ihrer Flanke führt die Straße mitten hinein in den Park. Eine Straßenabzweigung führt zum Mt. Williams – ein durchaus empfehlenswerter Abstecher, allerdings muß man vom Parkplatz noch ca. 3,5 km auf Schusters Rappen bergan steigen, bis man die herrliche Aussicht von dem 1168 m hohen Berg genießen kann.

Der *Grampians National Park*, eine bizarre Gebirgslandschaft aus fünf parallelen Nord-Süd-Gebirgszügen, gekippten Tafelbergen in den unterschiedlichsten Hanglagen, ist einer der schönsten Nationalparks von *Victoria*. Wir finden viele Arten von Flora, Heidevegetation, prächtige Wildblumen und -sträucher, daneben gibt es über 35 Säugetierarten und rund 200 Vogelarten. Es begeisterte uns, Rudel von Känguruhs durch den Park hüpfen zu sehen. In den *Grampians* wurden die meisten der bekannten (bis zu 5000 Jahre alten) Felsmalereien der Ureinwohner Victorias gefunden. Sie liegen allerdings nicht auf den ausgetretenen

Vielfach sieht man in Australien die schwarzen Schwäne.

57

Touristenpfaden und sind nur nach Fußmärschen zu erreichen.

Zenturm ist *Halls Gap*, in der Nähe von *Lake Bellfield*. In *Halls Gap* haben die Ranger ihren Stützpunkt, die über den Park wachen. Am See wird in einem Visitor Centre sehr anschaulich die Geschichte, Entdeckung und Bedeutung der *Grampians* gezeigt.

4 km außerhalb von *Halls Gap* (Straße nach *Stawell*, nach der Brücke abzweigen nach *Ararat* – beschildert) besuchen wir den Wildlife Park Wallaroo. Wir spazieren durch die Freigehege, in denen die Tiere des *Grampians National Parks* leben, sich zutraulich dem Besucher nähern und sich auch ausgiebig streicheln lassen.

Von *Halls Gap* folgen wir der Mt. Victoria Road nach *Zumstein*. An dieser Straße gibt es eine ganze Reihe von Lookouts: Vom „Elephant Hide" haben wir einen herrlichen Blick auf einen gestürzten Tafelberg. Er ähnelt der schuppigen Haut eines Elephantenrückens. Vom „Boroks Lookout" schauen wir hinunter in die Tiefebene am Ende des *Grampians National Parks*, wo schier endloses Weideland beginnt. Absoluter Höhepunkt aber sind „The Balconies" (900 m Fußwanderung), wo balkonartige Felsvorsprünge einen grandiosen Vordergrund für die weiten Wälder des Nationalparks bieten.

Von *Zumstein* führt die Straße geradewegs zum Western Hwy. und zur Stadt *Horsham*, der größten Stadt in der *Grampians*-Region. 1836 wurde sie von dem australischen Pionier Thomas Mitchell gegründet, ab 1842 begann die systematische Besiedelung. Wären da nicht zwei Highways, die sich in der Stadt kreuzen, könnte man meinen, man befinde sich in einem Provinznest. Gesellschaftlich jedenfalls ist nicht viel

Einer der sehenswertesten Lookouts in den Grampians ist The Balconies. Der Ausblick ist herrlich.

los, wirtschaftlich dominiert die Schafzucht. Wer sich dafür interessiert, besichtige The Wool Factory (Golf Course Road). Der Besucher wird nicht nur über die vorbildliche Merino-Schafzucht informiert, sondern auch über die Verarbeitungsprozesse aufgeklärt, die die Wolle zu durchlaufen hat.

Durch *Horsham* fließt der Wimmera River, der gleichnamige Highway führt durch Weideland. Wir folgen ihm nach Westen, nach *Edenhope*.

Abwechslung bietet sich nur, wenn man die eine oder andere Möglichkeit für einen Abstecher wahrnimmt. So kann man kurz nach *Natimuk* zum Mt. Arapiles fahren (5 km). Von einem Lookout hat man einen interessanten Blick auf den bizarr geformten Berg.

Nördlich des Highways liegt der *Little Desert National Park*, der bereits einen Vorgeschmack auf die großen inneraustralischen Trockenflächen bietet. Sehenswert ist insbesondere die Frühjahrsblüte. Bei Fahrten im Park ist allerdings ein Allradfahrzeug notwendig. Der Wimmera Hwy. endet in *Naracoorte*, ebenfalls Mittelpunkt der Schafwirtschaft. Nicht vergessen sollte man,

kurz vor *Naracoorte* (22 km) bei der kleinen Ortschaft *Jessie* die Uhr um eine halbe Stunde zurückzustellen. Die Grenze zwischen *Victoria* und *South Australia* ist gleichzeitig eine Zeitgrenze. Selbstverständlich gibt es auch in *Naracoorte* ein Wollmuseum: The Sheep's Back Wool Museum (Ecke Smith Street East und Jenkins Terrace). Von *Naracoorte* erreichen wir über *Lucindale* bei *Kingston* den Princes Hwy. und die Küste. Bei *Kingston* erhebt sich der Big Lobster, ein überdimensionaler (17 Meter hoher) Hummer namens Larry als Blickfang für ein Restaurant, in dem vorzüglicher (und billiger) Hummer angeboten wird.

Der erste Name der Stadt lautete auf Maria Creek, im Gedenken an das Schiff Maria, das 1840 an der Küste strandete. Die Überlebenden wurden kurze Zeit später von Aborigines umgebracht. Ein Mahnmal erinnert daran, aber nirgends steht ein Gedenkstein für die Aborigines, die von den Weißen erbarmungslos gejagd worden sind.

(Fahrthinweis: Hätten wir auf den Besuch des *Grampians National Parks* verzichtet, wären wir weiter entlang der Küste gefahren und hätten die Möglichkeit genutzt, *Mount Gambier* zu besuchen. „Blue Lake City" oder „City Around A Cave" nennt sich der Ort und weist damit bereits auf die beiden wichtigsten Naturschauspiele hin, die es in unmittelbarer Stadtnähe zu besichtigen gibt. Die erloschenen Vulkane inmitten weiter Pinienwälder prägen die Gegend. Die Vulkankrater haben sich im Laufe der Zeit in Seen verwandelt. Auffallend ist der „Blue Lake", der im Laufe des Jahres seine Farbe verändert: Im Winter ist er grau, im Sommer intensiv blau. Im Valley Lake, einem ande-

Der Big Lobster ist ein Blickfang. Man sollte ihm folgen, in dem Restaurant kann man vorzüglich Hummer essen.

ren Kratersee, kann man intensiv Wassersport betreiben. Die Höhlen von *Mount Gambier* liegen inmitten des Stadtgebietes: die Umpherston Cave mit ihren in Terrassen angelegten attraktiven Gartenanlagen, die Town Hall Cave und die Engelbrecht Cave.)

Hinter *Kingston* folgen wir dem Princes Hwy. nach Norden: Die Straße verläuft entlang des *Coorong National Parks*, der den Blick zur Küste versperrt. Dieser Nationalpark, ungezähmt, wild, naturbelassen und kaum begehbar, erstreckt sich über 150 km entlang der Küste bis hoch zum Murray River. Er umschließt eine Salzlagune, die durch vorgelagerte Sanddünen vom Meer abgetrennt ist. Ein Befahren ist mit einem geländegängigen Fahrzeug nur auf den markierten Pisten möglich.

Bis *Salt Creek* ist die Fahrt auf dem Princes Hwy. sehr eintönig, dann erhaschen wir ab und zu schöne Ausblicke auf die Lagune. Kurz vor *Salt Creek* beginnt ein drei Kilometer langer Lakes Nature Trail, der einen kleinen Eindruck vermittelt (ca. eine Stunde).

Bei *Meningie*, Molkereizentrum und kleiner Fischerort, wendet sich die Straße landeinwärts und führt am Lake Albert entlang, dem Mündungsbecken des Murray River. Der Fluß, der auf weite Strecken schiffbar ist, war in den Pioniertagen eine der wichtigsten Transportadern von Victoria. In diese Pionierzeiten fühlt man sich noch vielfach zurückversetzt. Da tümpeln (nachgebaute) Schaufelraddampfer auf dem breiten Fluß, ertönen die Schiffssirenen, qualmt es tiefschwarz aus den Schiffsschornsteinen. Langsam ziehen Hausboote auf dem Wasser dahin. Sie können für besinnliche Ferien gemietet werden.

Tailem Bend liegt, wie der Name andeutet, in einer Flußbiegung; schön sind die Ausblicke auf den Fluß. Kurz nach der Ortschaft erreichen wir Old Tailem Town, ein Freiluftmuseum aus alten Pioniertagen. Old Tailem Town wirkt wie ein verschlafenes Flußstädtchen zu Anfang des 20. Jahrhunderts.

Die 21 Kilometer Straße von *Tailem Bend* nach *Murray Bridge* folgen dem Murray River. Die Bedeutung von *Murray Bridge* liegt einzig und allein in der Brücke, die mit 744 Metern als die längste im Staate *South Australia* gilt. Die erste „Landnahme" erfolgte durch Captain Sturt, der 1830 erstmalig den Murray River befuhr. In den 1850er Jahren ließen Viehtreiber ihre Kühe noch schwimmend den Fluß überqueren. Damals erbauten bereits die ersten Siedler ihre Hütten. Sie nannten den Ort zuerst Thompson's Crossing, dann Edward's Crossing. Als sich aber immer mehr Pioniere um den Ort verdient gemacht hatten und 1879 auch eine erste Brücke errichtet worden war, verständigten sie sich auf den Namen Murray Bridge. Mit der Brücke begann die rasante Entwicklung des Ortes. Heute ist er ein Zentrum des Gemüseanbaus. Grün wirkt die Stadt auf uns; die Straßen sind baumgesäumt, allein sechs Parks mit vielen Picknickplätzen reihen sich an den Fluß. Von vier Lookouts hat man einen herrlichen Blick über Stadt, Fluß und Gemüsefelder. Für Kinder hat man den Puzzle Park gedacht, Kinderspaß auf über 10 Hektar. Im „Butterfly House" sind Tausende bunter Schmetterlinge zu beobachten und wer auf „süß" steht, kann die Schokoladenfabrik „Cottage Box" besichtigen.

Von *Murray River* führt der Freeway nach *Adelaide*. Neugierig, wie deutsche

Die Oper von Adelaide, der Hauptstadt von South Australia, dem Festival State.

Auswanderer heute noch in Australien wohnen, verlassen wir den Freeway kurz nach *Mount Barker. Hahndorf* wird unter der Markenbezeichnung „deutsches Dorf" touristisch vermarktet. Die Geschichte besagt, daß 1839 lutherische Siedler in Port Adelaide landeten und Siedlungsland suchten. Der Kapitän, in Australien bereits et-was erfahren, kümmerte sich darum und vermittelte es ihnen. Zu seinen Ehren, der Kapitän hieß Hahn, nannten sie den Ort Hahndorf. Noch heute leben angeblich Nachkommen der ersten Siedler in *Hahndorf.* Der deutsche „Flair" des Ortes hat aber eher touristische Gründe. Von nah und fern zieht es die Australier an, die einmal deutsche

Wurst kaufen, in dem deutschen Wirtshaus sitzen und deutsche Volksmusik hören wollen. Als deutscher Tourist kann man sich das verdeutschelte *Hahndorf* aber ebensogut sparen. „Typisch australisch" ist dagegen auch in *Hahndorf* die Sucht nach dem „Größten". So brüstet man sich mit „Australia's Largest Antique Clock Museum" (91, Main Street), das gleichzeitig „The Home of the World's Largest Cuckoo Clock" ist. Die Schwarzwälder Kukkucksuhrenindustrie wird es zu schätzen wissen.

Auf dem Weg nach *Adelaide* kann man bei der Ausfahrt *Crafers* noch hoch zum Mt. Lofty fahren. Bei gutem Wetter hat man von dem 726 Meter hohen Berg einen schönen Ausblick auf Adelaide und Umgebung. Die „Lofties" sind ein beliebtes Ausflugsziel, wenn es den „Adelaidern" in ihrer Stadt zu heiß wird. In 700 Meter Höhe ist der Luftzug garantiert, Parkanlagen, Wälder und frische Auen stehen für Entspannung und in den Dörfern gibt es viele verschiedene Restaurants, die von einfacher Küche bis zum guten Menue Gaumenfreuden bieten, ein weiteres Argument, in die Lofties zu fahren.

Gesamt: 1170 km, dreieinhalb Tagesetappen
8. Tag: Melbourne/Geelong bis Warrnambool: 359 km
9. Tag: Warrnambool bis Halls Gap/Zumstein: 190 km
10. Tag: Halls Gap bis Tailem Bend (Murray River): 522 km
11. Tag: Tailem Bend bis Adelaide: 99 km

8. Tag
Highlights:
● *Great Ocean Road, Port Campbell National Park (The Twelve Apostles, Sentinel Rock, The Arch, London Bridge)*
● *Warrnambool (Fischersiedlung auf dem Flagstaff Hill, Walbeobachtungsstation)*
Camping, Warrnambool:
Es gibt eine Vielzahl von Campingplätzen. Wir wählen einen in Strandnähe aus:
Ocean Beach Holiday Village, Pertobe Road, Warrnambool, Tel.: 055/623582
(Gleich in der Nähe befindet sich der Lake Pertobe Adventure Playground, in dem sich Kinder austoben können.)
9. Tag
Highlights:
● *Grampians National Park (Halls Gap: Wildlife Park*

Wallaroo, Elephant Hide Lookout, Boroks Lookout, The Balconies)
Camping, Zumstein:
Caravan Site, Zumstein Recreation Area, Department of Conservation, Forests & Land, Horsham, Tel.: 053/836242
Der Caravan Park wird von der Forstbehörde betrieben. Er ist gleichzeitig beliebter Tummelplatz für Känguruhs.
10. Tag:
Highlights:
● *Horsham (The Wool Factory)*
● *Naracoorte (The Sheep's Back Wool Museum)*
● *Kingston (Big Lobster)*
● *Coorong National Park*
● *Tailem Bend (Murray River, Old Tailem Town)*
Camping, Tailem Bend:
Riversedge Caravan Park, Princes Hwy., Tel: 085/723307
Der Campingplatz liegt direkt am hoch gelegenen Flußufer. Man hat einen herrlichen Blick hinunter auf den Murray River.
11. Tag:
Highlights:
● *Murray River*
● *Hahndorf*
● *Mt. Lofty (Lookout)*

Indirekt verdankt *Adelaide* seine Existenz dem Entdecker Charles Sturt, der 1830 von New South Wales aus den Murray River befuhr und sich bis zu dessen Mündung durchkämpfte. Erst durch ihn erfuhr die Öffentlichkeit in England, daß es in diesem fernen Australien noch weit mehr Land gab als eigentlich angenommen. Charles Sturt

Adelaide, Hauptstadt am Rande des Outback

machte lautstarke Werbung für das „wasserreiche" Land. In England dachte man über neue Formen der Kolonialisierung nach, nicht mehr Gefangene, sondern freie wohlhabende Siedler wollte man anwerben, das Land zu besiedeln. Das marktwirtschaftliche Denken des britischen Parlaments (Keine Sträflinge, keine Armen, sondern reiche und tatkräftige Siedler waren gefragt.) war für sich genommen weder originell noch eben eine Erfolgsgarantie. Es war lediglich das historische Glück, daß genügend junge Leute, meistens aus religiösen Gründen, ihre persönliche Freiheit suchten und bereit waren, in diese Freiheit zu investieren. Warum nicht die neue Freiheit in Australien schaffen? Das englische Parlament griff diese Idee auf und beschloß 1834 die neue Siedlungspolitik im South Australia Act. Bereits zwei Jahre

später landeten 200 hoch motivierte Siedler in Glenelg, heute einem Vorort von Adelaide.

Nach dem Willen des ersten Gouverneurs, William Light, sollte das Land planvoll erschlossen werden. Wichtig war zunächst der Platz für eine Hauptstadt. Bereits im Jahr 1836 legte er fest, daß an den Ufern des Torrens River die neue Hauptstadt von South Australia entstehen sollte, exakt an dem Ort, wo sich heute Adelaide erstreckt. So unangefochten blieb dieser Entschluß natürlich nicht, aber Light setzte sich durch. „Let the future generations be the final judges…" stellte er fest.

Wir erleben heute, daß Adelaide eine bezaubernde Stadt geworden ist. Light ließ die Stadt im bekannten Schachbrettmuster planen: Getrennt durch den Torrens River, befindet sich im Süden die City, insbesondere Behörden vorbehalten, im Norden die Wohnstadt. Um diese Stadtanlage läuft ein breiter Gürtel aus Parkanlagen. Adelaide benannte er das entstehende Gebilde nach der Frau von König William VI. Sehenswert ist die City um den Victoria Square herum, weil man es bis auf den heutigen Tag verstanden hat, Wider-

Mittelpunkt von Adelaide ist die King William Stree

sprüche nicht nur baulicher Art zu integrieren. So stehen neben vielen Kolonialbauten Hochhäuser im Stil der Postmoderne. Und wie in nicht vielen Städten wirken die Straßenzüge harmonisch. Da bilden um den modernen Brunnen auf dem Victoria Square, der für die drei Flüsse South Australias steht (Murray, Torrens und Onkaparinga), die Kolonialbauten des General Post Office, des Victoria Tower und des Gerichtshofes eine würdige Kulisse. An der King William Street, mit 42 Metern Breite (geplant und ebenso ausgeführt) die breiteste Hauptstraße einer australischen Hauptstadt, wechseln sich Hochhäuser und Kolonialbauten ab. Im Süden liegen viele Bürotürme, im Norden begrenzt sie der Torrens River. Aus unerfindlichen Gründen haben die Querstraßen auf jeder Seite der King William Street unterschiedliche Namen. Die belebteste Straße ist die Rundle Mall, die Fußgängerzone, übrigens die erste ihrer Art in einer australischen Stadt. Am Ende der Einkaufsstraße führen Glasaufzüge an der Außenseite des Renaissance Building in ein Restaurant im 6. Stock hoch. Von den Aufzügen hat man den schönsten Überblick über die Rundle Mall. Die Hindley Street auf der anderen Seite der King William Street ist das Vergnügungs- und Restaurantzentrum der Stadt. Da die Stadt geprägt ist von der puritanischen Einstellung ihrer Siedler, denen Kirchen wichtiger waren als Vergnügungspaläste, fällt auch heute das Vergnügungsviertel noch nicht sonderlich spektakulär aus. Dafür gibt es viele Kirchen in Adelaide, so daß sie spöttisch City of the Churches genannt wird. Die North Terrace (North Street) markiert die nördliche Grenze der City. Westlich der King William Street finden wir das Adelaide Casino, das man im alten, vorzüglich restaurierten Bahnhof der Stadt untergebracht hat. Das Kasino ist auf jeden Fall einen Besuch wert, auch wenn man es mit den meisten (dem Kasino gegenüber sehr kritisch eingestellten) Einwohnern hält und nicht spielen will. Daneben steht das Adelaide Festival Centre. Vielleicht wollte der Architekt ein Gegenstück zur Oper von Sydney schaffen, deren stilvolle Leichtigkeit der Bau aber nicht erreicht. Die Kulturangebote werden weithin gerühmt, nicht umsonst nennt sich South Australia auch Festival State. Direkt an der King William Street befindet sich das Parliament House im etwas plumpen neoklassizistischen Stil (im etwas freundlicheren Old Parliament House ist das Stadtmuseum untergebracht). Das Government House, das War Memorial, die State Library, das South Australia Museum und die Art Gallery, alles Gebäude, die man in einer Hauptstadt eben benötigt, liegen östlich der King William Street. Der breite Grüngürtel, der den Torrens River säumt, nimmt den botanischen Garten, den Zoo, einen Golfplatz und andere „Grüninstitutionen" auf. Vor der Nordstadt wirkt

... der Fußgänger-
...ne ist das
...aufhaus Myer
...ner der Haupt-
...iziehungspunkte.

65

Der Wein wird nicht mehr in Fässern aufbewahrt, sondern in Silos.

sen wollen, ziehen sie sich an die herrlichen Strände im Westen der Stadt zurück oder machen einen Abstecher nach Glenelg. Dort können sie sich unter dem Foundation Tree ausruhen, unter dem am 28. Dezember 1836 die Landnahme feierlichst vollzogen wurde. Es ist tatsächlich noch der gleiche Baum, wenngleich er längst abgestorben ist und nur noch mit viel Zement zusammengehalten wird. Nach Glenelg fährt die einzige Straßenbahnlinie der Stadt und wer möchte, kann bei der Hin- und Rückfahrt aus einem historischen Straßenbahnwagen bei Brunch, Lunch oder Tee die Stadt genießen. Die öffentlichen Verkehrsmittel werden gerühmt. Sie binden ohne größere Probleme die Vororte ein. Ins Hope Valley entlang dem Torrens River führt sogar ein außergewöhnliches Buswaysystem, ein Hochgeschwindigkeitsbus auf „geführter" Straße. Dieses System wurde in Deutschland erdacht.

Fragt man einen Bewohner von Adelaide, wo er das Wochenende am liebsten verbringen würde, so entscheidet er sich für die Gegend um Mt. Lofty (in der Nähe liegt Hahndorf), wo es sich in den Bergen besonders zur Sommerzeit gut sein läßt oder er fährt ins Barossa Valley, um den guten deutschen Wein zu genießen.

der Bau der St. Peters Cathedral wie ein Schutz- oder Bollwerk, das über den Schlaf seiner Bürger wacht. Die Nordstadt war einst die Schlafstadt der City mit kleinen Häusern und Gärten. Heute haben hier Firmen größtenteils Büros eingerichtet.

Stolz ist man in Adelaide auf den hohen Freizeitwert der Stadt. Nicht nur die bereits erwähnten Festivals ziehen viele Besucher aus ganz Australien an. Ein großes Ereignis ist in jedem Jahr das Formula One Grand Prix Race, das in den Straßen der Stadt abgehalten wird. Es ist das letzte Rennen im jährlichen Grand Prix Zirkus, die Entscheidung ist bereits gefallen und das Rennen nimmt eher Volksfestcharakter an – sehr zum Leidwesen der lärmgeprüften Anwohner, die zu dieser Zeit lieber die Stadt verlassen. Wenn sie nicht weiter verrei-

---

11. Tag: Besichtigung von Adelaide

11. Tag:
Highlights:
● *Victoria Square*
● *Rundle Mall*
● *North Terrace (Casino, Festival Centre, Parliament)*
● *St. Peters Cathedral*
● *Historic Glenelg*

Wir verlassen *Adelaide* über die Main North Road bis *Enfield* und biegen nach 10 km auf den Sturt Hwy. ein. Weit ziehen sich die Wohnvororte von Adelaide hin. Typisch für den „Australian way of life" erscheint uns der Ort *Elizabeth*. Auf der North Road nach Norden durchquert man dieses *Elisabeth*, ohne es recht wahrzunehmen.

Die Weinberge des Barossa Valley

Wären da nicht Hinweisschilder, die an der vierspurigen, sorgfältig bepflanzten Schnellstraße stehen, würde man die Existenz von Wohnsiedlungen nicht ahnen. 50 000 Menschen wohnen in dieser grünen Stadt, alle in schmucken Einfamilienhäusern mit kleinen Gärten. In Australien ist der Traum vom eigenen Häuschen für jeden einzelnen zu erfüllen. Man hat Platz, so ist jedem ein Haus fast garantiert mit soviel Land, daß er es darauf umrunden kann.

Es gibt viele Straßen in den Norden, aber alle führen in das *Barossa Valley*. Die Ortschaft *Gawler* bezeichnet sich als gateway zu diesem beliebten Weinanbaugebiet. Seine Schreibweise verdankt es übrigens lediglich einem Schreibfehler: Eigentlich hieß es Valle de Bar Rosa; die ersten deutschen Siedler (1827) nannten es fälschlicherweise Barossa-Tal.

Zugegeben die Landschaft ist lieblich, die Hügel wirken romantisch in der Dämmerung, die Weinberge sind eher

*egenbogen
ber Weinpflanzun-
n und Wiesen im
arossa Valley.*

67

weite Weinflächen, dazwischen Obstplantagen, die die Fruchtbarkeit des Bodens unterstreichen. Wegweiser führen zu den abseits gelegenen Weingütern. Sie tragen Namen wie Bernkastel, Gnadenfrei, Kellermeister oder Kaiserstuhl. Diese pflegen lediglich eine sentimentale Erinnerung an alte Zeiten, die Weine haben so wenig mit Kaiserstuhl zu tun wie Tanunda, das „typischste deutsche Weindorf" mit Deutschland. Dennoch, macht man sich von den mit Namen verbundenen Assoziationen frei, kann man herrliche trockene Weine in den geräumigen Weinkellern genießen und in Tanunda exquisite Wurstprodukte kaufen. Alle zwei Jahre wird ein fröhliches deutsches Weinfest gefeiert, das – unterliegt man nicht der Versuchung, es mit deutschen Weinfesten vergleichen zu wollen – ausgelassen, bunt und einfallsreich ist. Natürlich zeigt man viel Folklore, mischt dabei mitunter auch einmal bayerische, österreichische und andere Traditionen. Aber die australischen Gäste beklatschen es lebhaft. Weit über 100 000 Menschen besuchen die Weinfeste.

Während das *Barossa Valley* ein touristischer Verkaufsschlager in ganz Australien geworden ist und auch tatkräftig vermarktet wird, ist das *Clare Valley* eher von bescheidener Schönheit. Auch seine hügelige Landschaft prägen Weinfelder und Obstgärten. In seinen Dörfern kann man ruhig spazieren gehen, in seinen Weinkellereien genüßlich die Produkte des Winzerfleißes probieren.

Bei *Crystal Brook*, einem idyllischen Landstädtchen, das man als die südliche Grenze der Flinders Ranges bezeichnet, erreichen wir wieder den Princes Hwy. und kommen bald nach *Port Pirie*, einer Industriestadt mit großer Bleischmelze. Eine Hafenanlage mit Kränen und Getreidesilos prägen die Silouette. Der Princes Hwy. verläuft in ziemlicher Nähe zum Spencer Gulf, dennoch bietet sich von der Straße nur selten ein Ausblick auf den Meerarm. Dagegen fallen uns die östlich steil empor ragenden Berge auf, die wie eine natürliche Barriere die Winde zum Inland hin abwehren. Höchster Berg ist der Mt. Remarkable, den bereits die ersten Siedler als „bemerkenswert" einstuften. Bislang fand hier extensive Weidewirtschaft statt; dann wies man jedoch ein Naturschutzgebiet aus, worauf sich die natürliche Vegetation sehr schnell erholte. Man kann den Mambray Creek aufsuchen, indem man vom Princes Hwy. abbiegt. Die allerdings noch schönere Alligator Gorge, wo man ins Flußbett hinuntersteigen kann und die Felsen der Schlucht auf Armeslänge zusammenrücken, erreicht man nur von der anderen Seite über Melrose.

Vielfach wird *Port Augusta* als der letzte Außenposten der Zivilisation verstanden und auch in uns entwickelt sich die Spannung vor einem beginnenden Abenteuer. „The track begins!" lautet die Botschaft, die in *Port Augusta* zum Greifen ist. *Port Augusta* verdankt seine Bedeutung tatsächlich seiner Funktion als verkehrspolitischer Knotenpunkt. Da gibt es zum einen den leistungsfähigen Hafen, in dem Güter aus aller Welt umgeschlagen werden. Da ist der Eisenbahnknotenpunkt; von *Port Augusta* führt eine Eisenbahnverbindung nach Perth und durchquert dabei Nullarbor Plain, das Land, in dem nichts mehr wächst. Eine andere Eisenbahnlinie führt nach Norden bis *Alice Springs*. Wichtiger aber sind die Straßen: der Eyre Hwy. nach Perth, der Stu-

Die Weingüter wirken eher modern. Der alte Karren ist nur noch ein Denkmal.

u Ostern zieht es ele Besucher ins arossa Valley. Sie öchten gerne Geütlichkeit erleben.

art Hwy. nach Darwin und der Oodnadatta Track nach dem eben so schwer auszusprechenden *Oodnadatta* in die Flinders Ranges. Zur Infrastruktur gehört auch noch die Northern Power Station, die, erst 1985 fertig gestellt, heute fast die Hälfte des Stromverbrauchs von South Australia deckt. In *Port Augusta* befinden sich einer der Stützpunkte des Royal Flying Doctor Service, der die medizinische Versorgung im Outback aufrecht erhält und die School of the Air, die versucht, den Farmerkindern im Outback ein gewisses Maß an Bildung zu vermitteln. Wissen will man auch im Wadlata Outback Centre weitergeben. Touristen sollen über das Outback und über die Dreamtime der Aborigines aufgeklärt werden. Will man etwas über die Vergangenheit von *Port Augusta* erfahren, macht man einen Besuch im Homestead Park Pioneer Museum (Elsie Street – ca. eine Stunde). Die Homestead stammt aus den 1870er Jahren, sie vergegenwärtigt sehr deutlich den Elan der Pionierzeiten. 1802 hatte zwar Metthew Flinders

die Gegend bereits bereist, aber erst 1848 begann die Besiedlung. 1851 fiel die Entscheidung, einen Hafen zu bauen, um die Wolle auszuführen und um gleichzeitig alle notwendigen Güter für die tägliche Versorgung einzuführen. Das war die Geburtsstunde von *Port Augusta*, Verkehrsknotenpunkt zwischen West und Ost, zwischen Nord und Süd. Wir bereiten uns auf den Track vor und tanken in *Port Augusta* nochmals voll.

Die Versuche der ersten Eroberer und Entdecker, den Weg nach Norden zu finden, prägten viele Enttäuschungen. In den 1840er Jahren scheiterte zunächst Charles Sturt, der auf seinen Vorstößen nur Stein- und Sandwüste fand, die ein Durchkommen vereitelten. Er schrieb in sein Tagebuch: „A country such as I firmly believe has no

The Track, erster Teil:

Von Port Augusta ins rote Herz Australiens

parallel on earth's surface." Robert O'Hara Burke und William John Wills starben 1861 in der Nähe von Innamincka. Ein Jahr später aber konnte der erfolgreichste australische Entdecker, John McDouall Stuart, vermelden, das Land von Süd nach Nord durchquert zu haben und ihm gebührt auch die Ehre, dem Highway von Süd nach Nord seinen Namen zu geben: Stuart Hwy., 2716 km lang (von Port Augusta nach Darwin). Die Straße umgibt auch heute noch, trotz Asphaltbelag, ein Hauch von Abenteuer, „Australia's Adventure Highway".

Ist sie wirklich das gepriesene Abenteuer, das Outback-Erlebnis? Man sollte sich keinen Illusionen hingeben. Der Stuart Hwy. ist ein großes Erlebnis, aber kein Abenteuer. Er läßt zwar noch etwas von der alten Outback-Romantik erahnen, wenngleich er alle Annehmlichkeiten moderner Verkehrszivilisation bietet. Der Highway ist durchgehend zweispurig ausgebaut, verfügt auf weiten Strecken über einen Haltestrei-

fen auf beiden Seiten, hat für australische Verhältnisse einen soliden Untergrund und wirft daher nicht die sonst obligaten Wellen. Es gibt ausreichend Tankstellen – Schilder zeigen die Entfernung zur nächsten Servicestation an, so daß man genau weiß, ob man zu tanken hat – und es existieren Notrufsäulen (in, zugegeben, relativ großen Entfernungen) sowie Raststationen (Roadhouses). Im Notfall schweben die flying doctors von Port Augusta ein und bringen den Verletzten ins Krankenhaus. Einzig am Benzinpreis merkt man, wie

Zierkürbisse gedeihen in der roten Erde sehr gut.

Viele Besucher graben auf der Abraumhalden von Coober Pedy nach kleinen Opalen (Fossicking).

70

weit man sich von der Zivilisation entfernt. Er steigt direkt proportional mit der Entfernung zur Küste: Im roten Zentrum des Landes beträgt der Zuschlag satte 50 %. Solch einen Wüstenzuschlag kostet das kalkulierbare Abenteuer eben. Auch die Road Trains (Zugmaschinen mit drei Anhängern, über 50 Meter lang) erinnern an Outback-Geschichten; die Radfahrer, die den Stuart Hwy. als Herausforderung sehen, deprimieren da eher.

Die Fahrt auf dem Stuart Hwy. ist uns nicht langweilig geworden, schließlich passieren wir von Süd nach Nord alle Vegetationszonen, die das Land zu bieten hat. Am Horizont begleiten uns rechts und links Tafelberge. Die Vegetation ist für unsere Vorstellung üppig und ändert immer wieder ihr Aussehen. Wir erleben im Winter bei Temperaturen um die 20 Grad Celsius blühendes Outback, im Frühling fährt man sogar durch ein Blütenmeer. Vereinzelt zeigen Salzseen faszinierende Wüstenansichten, flimmernd in der Sonne wirken sie wie ein zartes Aquarell.

Bei *Woomera* beginnt militärisches

Sperrgebiet (bis vor *Coober Pedy*). Die Straße darf nicht verlassen werden. In der Einsamkeit der Wüste unterhält die australische Armee eine Raketenstation und trainiert ihre Soldaten. Man sollte den Warnungen Folge leisten; in diesen Dingen verstehen die Australier keinen Spaß. Mit Spaß hat es auch wirklich nichts zu tun, wenn man bedenkt, daß auf einem anderen, etwas weiter westlich gelegenen militärischen Sperrgebiet (in der Einöde von Maralinga) britische Streitkräfte 1953 und 1957 insgesamt sechs Atombomben zur Detonation brachten. Obwohl man die Gegend ausführlich säuberte, ist der Zugang wohl aus gutem Grund weiterhin gesperrt.

In *Glendambo* tanken wir voll auf. Wir werden die nächste Tankstelle erst in 253 km bei *Coober Pedy* erreichen; Schilder weisen darauf hin. Diese 253 Outback-Kilometer wirken gleichförmiger. Die Tafelberge treten zurück, damit auch die Vegetation, nur niedrigstes Geflecht und Buschwerk hat noch eine Überlebenschance. Allenfalls Wüsteneukalypten setzen sich noch durch. Ab und zu tauchen Schafe auf, die anscheinend immer noch Freßbares finden, äugt ein Emu zur Straße herüber. Den Straßenrand säumen totgefahrene Dingos und Känguruhs, über denen bereits die Geier kreisen.

Coober Pedy kündigen uns die künstlichen Maulwurfhügel an, Auswürfe von fleißigen Opalschürfern. *Coober Pedy* (in Eingeborenensprache heißt der Ort sinngemäß „white man in a hole") ist Australiens ältestes und größtes Zentrum des Opalabbaus. Trotzdem ist *Coober Pedy* eine junge Siedlung: 1915 fand der Junge Willie Hutchinson „floaters", kleine Opalsplitter beim Spazierengehen und entfachte damit den immer noch anhaltenden Opalrausch. In *Coober Pedy* kann man in vollen Zügen das Outback-Gefühl genießen. (Am besten und insbesondere aus Zeitgründen schließt man sich einer organisierten Tour an. In drei Stunden erhält man einen schönen Überblick über Leben und Arbeiten in *Coober Pedy*.) Wir laufen durch Opalfelder, selbstverständlich mit der notwendigen Vorsicht, schließlich wollen wir nicht in einem der vielen ungesicherten, bis zu dreißig Meter tiefen Opallöcher verschwinden, schauen den Schürfern bei ihrer staubigen Arbeit zu und suchen auf den Abraumhalden selbst (allerdings erfolglos) nach „vergessenen" Opalen (to fossick). In der Stadt liegt Old Timers Mine, eine der ersten Minen der Stadt. Sie beherbergt heute ein Museum, das sehr gut die Lebensweise der ersten Opalschürfer zeigt. Im Sommer kann es in *Coober Pedy* recht warm werden, deshalb spielt sich das Leben auch weitgehend unter der Erde ab. Die Menschen leben in sogenannten dugouts, Höhlen, die sie in den weichen Fels getrieben haben. Im Gegensatz zu den über 45 Grad Celsius Sommertemperatur oder 10 Grad Celsius nächtliche Wintertemperatur draußen, hat es in den dugouts Sommer wie Winter behagliche 20 Grad. Aber nicht nur die Wohnungen liegen unter der Erde, auch viele Läden und Werkstätten wie eine Underground Potterie und natürlich verschiedene Underground Churches. Der Golfplatz, die große australische Leidenschaft, liegt natürlich nicht unter der Erde, aber das gewohnte Grün fehlt; die Golfbälle müssen die Spieler über planierte rote Erde schlagen.

20 km nach *Coober Pedy* zweigen wir rechts vom Highway ab. Über eine gra-

vel road kommen wir zu den „Breakaways" (11 km). Mitten in der Wüste stehen wir vor atemberaubenden Tafelbergabbrüchen. Besonders in der Abendsonne entfaltet sich das satte Farbspiel in rot, unterschiedlich schimmernd zwischen Erde, Fels und Sonne. Ganz in der Nähe verläuft der dog fence oder dingo proof fence durch die Wüste. Er zieht sich 9600 km quer durch Australien, um die Dingos daran zu hindern, in den schafreichen Süden des Landes einzudringen. Über den Erfolg des Zauns streiten sich die Experten. Er kostete viel Geld, Zeit und Kraft und muß ständig repariert werden, da kräftige Känguruhs ihn häufig niederreißen. Zum anderen findet so mancher Dingo anscheinend immer wieder ein Schlupfloch. Den unschlagbaren Beweis liefert der Highway: Am Straßenrand liegen viele tote Dingos, die nachts von den Road Trains überfahren wurden.

Der Landstrich, den wir nach *Coober Pedy* durchfahren, wird „moonland" genannt, ein treffender Ausdruck für die landschaftliche Eintönigkeit bis *Marla*, der nächsten Versorgungsstation. Danach ändert sich die Wüste erneut. Tafelberge bestimmen ihren Charakter.

Nicht nur tote Dingos und Känguruhs liegen am Fahrbahnrand, sondern hie und da sehen wir auch bereits aufgedunsene Kuhkadaver. Die Geier sitzen gefräßig über den Opfern der vergangenen Nacht. An den häufigen Zusammenstößen mit tödlichem Ausgang (zumindest für die Tiere; alle Autos sind bestens ausgerüstet mit markanten Rammschutzgestellen) ändern die vielen – teilweise lustig gestalteten – Warnschilder nichts. Besonders beeindruckend fanden wir eine lebensgroße

Kuh aus Bierdosen mit der Aufschrift: „Don't hit me!"

Kulgera heißt die nächste Versorgungsstation am Stuart Hwy..

In *Erldunda* zweigt der Lasseter Hwy. zum *Yulara Resort* ab: genau 248 km oder gute drei Stunden. Es ist eine spannende Fahrt, denn unwillkürlich wartet man darauf, daß in der Ferne der legendäre *Ayers Rock* auftaucht. Die ersten Begeisterungsrufe sind unangebracht. Sie gelten meistens dem Mt. Connor, einem anderen, ebenso schönen, aber nicht so berühmten Berg. Den Berg mit dem flachen Top haben schon viele Reisende für den Ayers gehalten. Aber bald sehen wir den Star in der Ferne. Wir registrieren es mit einem Gefühl der Befriedigung, die Spannung weicht.

Zunächst einmal biegen wir ins *Yulara Resort* ein, in diese moderne Oase der Wüste. Hier findet der Tourist alles, was er benötigt und ein bißchen mehr. Einige Hotels haben sich etabliert, darunter das Sheraton; zwei Campingplätze gibt es, einer für Busreisende, einer für Individualcamper, wobei letzterer allein 1500 Stellflächen aufweist. Es empfehlen sich eine ganze Reihe von Restaurants, sogar ein Nachtclub fehlt nicht. Drei Banken werben um Kundschaft und ein Shoppingcentre verwöhnt die Touristen mit jedem nur möglichen Luxus. Es werden Gottesdienste abgehalten, Rundflüge und Rundfahrten offeriert und man hat auch an einen Trimm-Dich-Pfad gedacht. Vieles von dem, was sich die Tourismusindustrie an diesem Ort hat einfallen lassen, ist für einen Outback-Aufenthalt unnötig, ja störend. Einen guten Eindruck hinterläßt bei uns das Visitors Centre: Mittels übersichtlicher Displays machen wir uns mit der Tier- und Pflanzenwelt des *Uluru National Parks* bekannt. Auch die Kultur der Aborigines kommt in der Ausstellung nicht zu kurz. Allein wegen den nützlichen Informationen, wann zum Beispiel genau Sonnenaufgang und Sonnenuntergang stattfinden, ist ein Besuch empfehlenswert.

Vier Kilometer von der Touristenoase entfernt beginnt der *Uluru Nationalpark*. (Der Eintritt ist kostenpflichtig; mit dem Ticket kann man sich jedoch fünf Tage im Park aufhalten. Um 6.30 Uhr morgens wird der Park geöffnet, um 7.30 Uhr abends geschlossen.) Der *Uluru National Park* ist eigentlich Aborigines-Land. Die Ureinwohner, die Anangu, haben das Gebiet des Nationalparks dem Australian National Parks and Wildlife Service verpachtet. Diese Organisation wiederum hat Straßen gebaut und das Gebiet erschlossen, so daß heute *Ayers Rock* und seine Schwesterfelsen, *Olgas*, ohne größere Anstrengungen zu besichtigen sind. Anerkennen muß man, daß sich die Parkverwaltung große Mühe gab, Land, Fauna und Flora und sogar die Natureinwohner dem Besucher möglichst nahe zu bringen. Überall wurden informative Schilder aufgestellt. Uns erscheint alles ein bißchen zu perfekt, zu touristisch vollkommen; es ähnelt keinesfalls der romantischen Vorstellung von Outback-Erlebnis. Und eines bleibt auch noch festzustellen, die Ureinwohner haben in ihrem eigenen Land nichts mehr zu sagen. Seit über 10 000 Jahren leben sie in diesem Gebiet, zweifelsohne länger als die Weißen, die erst 1872 und 1873 diese Wunder der Natur entdeckten (Ernest Glies und W. E. Gosse, Landvermesser, die das Land kartografisch erfaßten). Ihnen folgten Schatzsucher, Dingojäger und Missionare. Dann kamen die Siedler. Schaf-

Die Olgas gehörten zu den heiligen Stätten der Aborigines.

Viele Menschen besteigen den Ayers Rock. An einer Stelle kann man dies weitgehend gefahrlos: The Climb.

auf der Welt wandelten, entstanden. Auch wir verstehen, daß dieses landschaftlich so bizarre Gebiet als Kultstätte geradezu prädestiniert erscheint. Hier fühlen sich selbst Ungläubige den Aborigines-Göttern nahe.

In der Umgebung wachsen verschiedene Arten von Eukalyptusbäumen, itara (river red gum), wie sie von den Einheimischen genannt werden und muur-muurpa (bloodwood), die in erster Linie in den ausgetrockneten Sandbetten wachsen. Verbreitet ist auch die Wüsteneiche (desert oak), von den Einheimischen kurkara genannt, die selbst im Outback in ihren langen Wurzeln Wasser speichern kann. Daneben gibt es verschiedenartigste Büsche, Akazienarten wie Mulga, von den Einheimischen wanari genannt. Auf den roten Sanddünen schließlich finden wir nur noch Trockenvegetation mit Spinifexgras. Die natürliche Pflanzenwelt wußten die Eingeborenen wohl zu nutzen: Aus dem Blütennektar der kaliny-kalinyopa, der Honiggrevillea, gewannen sie im Frühjahr einen zuckersüßen Saft, wama genannt. Eine andere Grevillea (nyintilpa) diente als Musikinstrument. Die getrockneten Samen rasselten so wohltönend.

Am Spätnachmittag begannen wir mit unserer Entdeckung des *Uluru National Parks*. Zuerst suchten wir die *Olgas* auf, die circa 50 km von *Yulara* entfernt liegen. Sehenswert ist der Gesamtüberblick, den man vom „sunset viewing point" aus hat. An der Olga Gorge parken wir und folgen ein Stück dem Wanderweg in die Schlucht hinein (eine Stunde). Wir sind beeindruckt von den glatten, hoch aufragenden Felsen, an denen wir entlang marschieren. In der Nachmittagssonne kommt ihre satte

und Rinderfarmen wurden allenthalben eingerichtet. Als sich das sonst so friedliche Volk zu wehren begann, war es bereits zu spät. Man sammelte die Aborigines in Missionen, verwaltete und bekehrte sie. Später mußten sie auch aus den Missionsgebieten weichen, zum Beispiel aus dem heiligen Gebiet um den *Uluru*. Der Tourismus überrollte sie. Die Ureinwohner geben nur noch kümmerliche Statisten ab, die ab und zu auf der Bildfläche erscheinen, in Fetzen gekleidet, apathisch. Nur noch einen Abklatsch ihrer einstigen Kultur haben sie sich bewahrt: geschnitzte Sinnbilder ihrer Lebenserfahrung, die nun bei den Rangern verkauft werden.

Geografisch gesehen sind *Uluru (Ayers Rock)* und *Kata Tjuta* (The Olgas) die Überreste einer festen Landschicht, die abgebrochen ist. Die 36 einzelnen Spitzen und Dome von Kata Tjuta ähnelten wahrscheinlich einem Gebirgskegel in der mehrfachen Größe des Uluru. Wind und Erosion haben die einzelnen Kegel geformt. Die Aborigines glauben, daß Uluru und Kata Tjuta in der Entstehungsperiode der Welt, als die Götter

rote Farbe gut zur Geltung. Den späteren Nachmittag widmeten wir dem *Ayers Rock*. In der nahe gelegenen Station der Ranger informieren wir uns noch kurz über Fauna und Flora. Hinter der Rangerstation werden unter deren Aufsicht Schnitzarbeiten der Ureinwohner verkauft. (Im weiteren Verlauf der Reise können wir noch in vielen Läden Schnitzarbeiten der Aborigines kaufen. Diese scheinen uns aber häufig auf Touristengeschmack „getrimmt" zu sein. Die Schnitzereien in der Rangerstation sind dagegen alle „original", manchmal etwas rauh und ungeschliffen, aber individuell gefertigt.) Die Ranger veranstalten auch kostenlose Führungen durch den Naturschutzpark, Treffpunkt ist die Rangerstation. Selbstverständlich umrunden wir den Ayers Rock mit dem Auto, um ihn auch wirklich von jeder Seite ausgiebig zu betrachten und zu fotografieren. Zum Teil laufen wir auch ganz nahe am Felsen entlang, betrachten fasziniert die vielen unterschiedlichen Höhlenformationen, die uns ein klein bißchen die Dreamtime der Aborigines nachempfinden lassen. Hat man genügend Zeit, so ist man gut beraten, den Ayers Rock vollständig zu umwandern. In diesen zwei Stunden kann man den Berg „hautnah" erleben. Wir haben uns dagegen ein anderes Erlebnis vorgenommen; wir wollen den Ayers Rock besteigen. An einer Stelle ist dies im touristischen Leistungsverzeichnis auch bereits vorgesehen: „The Climb" ist der Ort benannt. „The Climb" (der Aufstieg) wurde für uns zum überwältigenden Erlebnis. Liegt der sportliche Rekord bei 12 Minuten, so benötigen wir als Normalmenschen eine gute Stunde. Aber wir lassen uns auch bewußt Zeit, wollen schließlich die Einmaligkeit der Landschaft in uns aufnehmen. Der erste Teil des Anstiegs ist ungesichert, dann kann man sich an einer Eisenkette nach oben hangeln. Etwas Vorsicht ist durchaus angebracht. Insbesondere in der Sommershitze sollte man sich nicht überfordern. Jedes Jahr müssen einige Dutzend übereifrige Touristen von der Ranger-„bergwacht" geborgen werden, jedes Jahr ist auch mindestens ein Todesfall zu beklagen. Auch andere Warnungen, von den Rangern gut sichtbar auf Tafeln angeschlagen, beruhen anscheinend auf leidvollen Erfahrungen: Auf dem Ayers Rock gibt es keine Verkaufskioske und auch keine öffentlichen Toiletten.

Berühmt sind die Sonnenuntergänge am Ayers Rock. Der beste Platz ist ausgeschildert: sunset viewing point. Wir sind rechtzeitig zur Stelle, bald füllt sich der Platz. Wir haben schon viel darüber gelesen, viele Fotos gesehen, doch das empfinden wir jetzt alles als schal und farblos gegenüber dem grandiosen Farbspiel, das wir jetzt erleben. Die Sonne zaubert immer prägnantere Rottöne auf den Felsen, der sich vor dem immer dunkler werdenden Hintergrund stark herausschält, sich optisch vergrößert, absolut dominiert. Wir halten die Augen starr geöffnet, um keinen einzigen Augenblick zu versäumen, hören dabei die Ouvertüre von Aida durch die Kopfhörer (Verdi läßt grüßen) und genießen stumm, bis die Farbe an Leuchtkraft abnimmt, schwächer wird, schließlich verlöscht. Hat sich der Ayers Rock grau gefärbt, ist es höchste Zeit, zum „The Climb" zu eilen, nochmals zwanzig Meter aufzusteigen und von dort die Sonne in der Ferne hinter den Olgas untergehen zu sehen. An diesem letzten Erlebnis nehmen noch nicht so viele Touristen teil. Wir sind

77

allein mit der Natur, genießen die sich ausbreitende Stille.

Auch die Sonnenaufgänge sind nicht minder erlebenswert. Deshalb stehen wir am nächsten Morgen auch zeitig auf und sind rechtzeitig zur Stelle. Vom sunset viewing point aus erscheint der Uluru dunkel bis schwarz gegen den Hintergrund der aufgehenden Sonne. Umrundet man schließlich den Berg, erstrahlt sein Felsenkleid in herrlichem rotem Morgenlicht. Für manche Besucher stellen *Ayers Rock* und *Olgas* nichts anderes als den leider zivilisierten Anfang der Fahrt ins weitgehend unberührte Outback dar. Es ist die Welt der beschwerlich zu bewältigenden Staubstraßen, der gravel roads, der Wellblechpisten. Straßenschilder weisen in die Unendlichkeit des Outbacks. Wir fahren auf dem Lasseter Hwy. zurück. Nach 77 km taucht bei *Curtin Springs* das Massiv des Mt. Connor auf. Er liegt auf dem Privatgrund der alt eingesessenen Züchterfamilie Severin, deren Erlaubnis man einholen muß (Severins cattle station in *Curtin Springs*), ehe man, 11 km weiter, die Staubstraße zum Mt. Conner einschlagen kann.

Ayers Rock: Er liegt inmitten von Nirgendwo. Die untergehende Abendsonne zaubert auf ihm die schönsten Farbspiele.

Nicht nur aus der Ferne fasziniert der Ayers Rock. Viele Höhlen beeindrukken durch ihre Formen.

Was dem Ayers gebührt, ist dem Conner recht und billig. Nach eineinhalb bis zwei Stunden Aufstieg, darf man heftig atmend den Blick vom flachen Hochplateau zum Lake Amadeus und anderen Salzseen genießen.

38 km weiter passieren wir die Abzweigung zum *Kings Canyon* (140 km) mit seinen weithin gerühmten Schluchten- und Felsformationen; Felsenplateaus, Dome und über 100 Meter hohe senkrecht abfallende Wände charakterisieren den Canyon. Hier ist das Outback noch Abenteuer. Doch zum guten Gelingen dieser Tour gehört ein vierradangetriebenes Fahrzeug, dazu Zeit, die richtige Ausrüstung und Gleichmütigkeit dem allgegenwärtigen roten Staub gegenüber.

Richtig lieb geworden ist uns der Stuart Hwy. Von *Erldunda* folgen wir ihm nach Norden. Karg wirkt die Landschaft, bis plötzlich Gebirgszüge aus der flachen Wüste herauswachsen, sich ganz nahe an den Highway schieben. Die Ausläufer der Macdonnell Ranges reichen bis an *Alice Springs* heran. Vorher treffen wir auf die Kamelfarm am *Orange Creek.* Der Besitzer Noel Fullerton ist ein Original; er versteht es, alle Bildjournalisten für sich einzunehmen, so daß es in jedem Reiseführer mindestens ein Bild von ihm gibt. Wir haben nur seine Kamele abgelichtet, stattliche Tiere, die mittlerweile in alle Welt exportiert werden, nicht als tiefgefrorenes Kamelfleisch, sondern zur jeweiligen Kamelzucht. Selbst arabische Staaten holen sich in Australien gerne neues Kamelblut. Kamele spielten bei der Erschließung des Outbacks eine wesentliche Rolle. Die Erbauer der Telegrafenlinie importierten Kamele aus Afghanistan, um die menschenfeindlichen Weiten des Kontinents zu über-

brücken. Die Kamele meisterten ihre Aufgabe vorzüglich. Viele verwilderten schließlich nach dem Bau der Eisenbahnlinie, als man sie nicht mehr benötigte. In der Kamelfarm wurde jedoch die alte Tradition der Kamelzucht gepflegt, mit Erfolg. So ganz nebenbei werden tage- und auch wochenlange Touristentouren auf Kamelrücken angeboten.

Alice Springs ist die zweitgrößte Stadt des *Northern Territory*, ein Wirtschaftszentrum, das gleichzeitig und eher ne-

Auf diesem Friedhof sind die Pioniere beerdigt – und vergessen.

Die Kamele wurde eingeführt, um die Weiten des Outbacks zu bezwingen.

80

iese Quelle
Alice's Spring gab
er Stadt ihren
amen.

benbei Mittelpunkt eines weiten Wüstenlandes ist.

Von der Aufbruchsstimmung der Pioniere ist zumindest in den Außenbezirken der Stadt noch einiges zu verspüren. Road Trains, bis zu 50 Meter lang, aber auch Einrichtungen wie die Royal Flying Doctors oder The School of the Air stehen dafür. Wenig Wüstencharakter zeichnet dagegen die Innenstadt aus. Ihr Herz ist eine großzügige, ver-

kehrsberuhigte Fußgängerzone mit Hotels, Restaurants und großzügig gestalteten Souvenirläden, in denen die Dreamtime der Eingeborenen gekonnt vermarktet wird.

Dieses Alice wirkt klinisch konfliktsauber. Will man nicht so heile Welt sehen, muß man nur im trockenen Bett des Todd River spazierengehen. Wir treffen auf Aborigines, verkommen und betrunken, Wracks ihrer überlebten Gesellschaft, die dort ihre Zuflucht suchen. Die Flußbetten sind für sie ein Ort der Götter. Kein Wunder, daß es sie an diese Stätte zieht. Kein Wunder auch, daß es sie empörte, als ihnen die Stadtverwaltung verbot, im Flußbett „herumzulungern". Man wollte schließlich eine saubere Stadt. Das Recht dazu haben sich die Weißen 1872 genommen, als die Telegrafenlinie durch das weite Land gezogen wurde. Der Bautrupp stieß auf eine Wasserquelle, die sinnigerweise nach der Frau des Telegrafenbosses benannt wurde: *Alice Springs*. Der Boss selbst stand Pate für den meistens ausgetrockneten

Der meist trockene
Todd River ist für
die Eingeborenen
ein heiliger Ort.

*Sonnenuntergang
über den Olgas*

Fluß: Todd River. Die Ureinwohner der Aruntas, Gurindgi und Pintjantjara mögen dies alles als Zumutung betrachtet haben, aber ihnen blieb nichts als stilles Leiden. Die Weißen bauten ihre Telegrafenstation an der Alice Quelle (heute zu besichtigen: ein Museum und eine Gedenkstätte), die Weißen bauten einige Kilometer weiter südlich ihre Stadt.

Im Norden begrenzt der Anzac Hill die heutige Stadt; vom Lookout kann man ganz Alice überblicken.

Reden die weißen Australier irgendwo in ihrem weiten Land von Alice Springs, so bekommen sie leuchtende Augen. Hier ist der „Wilde Westen", in dem es noch mehr Freiheiten als anderswo gibt, wo die Grenzen schier unendlich weit entfernt erscheinen. Das rote Herz des Landes wirkt aber auf den Besucher anders: zivilisiert und gut verwaltet. Darüber hinaus wirkt „The Alice" auf uns schlicht langweilig. Das Outback liegt außerhalb, jenseits der Highways.

Gesamtstrecke: 1761 km, vier Tagesetappen
13. Tag: Port Augusta bis Coober Pedy: 546 km
14. Tag: (vormittags Besichtigung von Coober Pedy)
        Coober Pedy bis Erldunda: 485 km
15. Tag: Erldunda bis Yulara: 265 km (nachmittags
        Uluru National Park)
16. Tag: (vormittags Uluru National Park) Yulara bis
        Alice Springs: 465 km

13. Tag:
Highlights:
● *Coober Pedy (Opalminen, Untergrundhäuser, -läden, -kirchen)*
Ortsführungen werden durchgeführt von:
Gem City Opal Tour, Hutchison Street, Coober Pedy, Tel.: 086/725711
Coober Pedy Tours Pty. Ltd., Tel.: 086/725333
The Prospector's Opal Tours Pty. Ltd. Tel.:086/725338
Die Führungen finden statt um 8.30 (Sommer), 9.30 und 13.30 Uhr.
Camping, Coober Pedy:
Stuart Range Caravan Park, Hutchison Street, Tel.: 086/725169
Der erste Caravan Park nach der Ortseinfahrt erschien uns der gepflegteste. Auch er bietet den Wüstengeschmack.

14. Tag:
Highlights:
● *Breakaways (mit Dingozaun)*
Camping, Erlunda:
Caravan Park Erldunda, Tel.: 089/560984
Der Caravan Park ist bestens ausgestattet, ein willkommener Rastplatz in der Wüste.
15. Tag:
Highlights:
● *Mt. Connor*
● *Yulara Resort*
● *Uluru National Park (The Olgas, Ayers Rock)*
Camping, Yulara:
Man übernachtet auf dem Campingplatz im Yulara Ressort. Es bietet sich hierzu keine Alternative. Im Nationalpark ist campen streng verboten.
16. Tag:
Highlights:
● *Kamelfarm am Orange Creek*
● *Alice Springs (Innenstadt, Lookout, Telegrafenstation und Quelle)*
Camping, Alice Springs:
Wintersun Caravan Park, North Stuart Highway, Alice Springs, Tel.: 089/524080
Der Campingplatz ist nicht der schönste unter den Campingplätzen von Alice Springs, aber er ist der stadtnäheste, nur ein paar Minuten von der School of the Air entfernt. Man kann sich dort einmal über den Unterricht per Äther informieren lassen.

Die Besiedelung Australiens begann vor etwa 30 000 Jahren, als Asien und Australien noch eine einzige Landfläche waren. Damals zogen die Ureinwohner nach Süden. Als der „australische" Kontinent vom asiatischen Festland abbrach, blieben sie zurück auf ihrer großen Insel, Jahrtausende ungestört von allen äußeren Einflüssen. Sie

Fast so lange die Welt besteht

eschichte der Aborigines

lebten in einer sehr engen Verbindung mit dem Land, der Fauna, der Flora, verstanden sich als eine vollkommene Einheit.

Zeit spielte keine Rolle, Geschichte gab es keine.

1770 beschrieb James Cook die Eingeborenen in seinem Tagebuch als sanftmütige Geschöpfe, friedfertig und glücklich. Die Engländer wunderten sich insbesondere darüber, daß sie sich weigerten, von den angebotenen Sachen zu nehmen. Die Lösung des Rätsels: Sie bedurften des schnöden Tandes nicht, da sie zufrieden im Einklang mit der Natur lebten – schwer verständlich für europäische Abenteurer.

Cooks Nachfolger hatten noch weniger Verständnis: Die Sträflinge, die Verdammten und zum Tode Verurteilten, die wider ihren eigenen Willen das Land entwickeln sollten, litten am eigenen verpfuschten Leben. Wohltaten konnte man nicht von ihnen erwarten. Das neue Leben in der neuen Umwelt

bot eine Korrektur der gesellschaftlichen Werteskala. Selbst der unbedeutendste Weiße rangierte plötzlich über den friedlichen „Wilden", die auf dem Niveau von Tieren standen. Die Kreaturen wurden zum Abschuß frei gegeben.

Die Eingeborenen besassen keine Schätze wie Mayas oder Inkas, sie waren keine entschlossenen Krieger wie Apatchen oder Kommanchen, sie ließen sich nicht wie die Neger als Sklaven vermarkten. Es gab also keinen rationalen Grund, sie abzuschlachten als den, daß die ersten Siedler ihrer Langeweile Abhilfe schufen und nach des Tages Arbeit noch etwas „auf Jagd gingen".

Völkerkundler schätzen, daß es vor der weißen Invasion etwa 600 unterschiedliche Stämme mit 200 verschiedenen Sprachen und um die 300 000 Menschen auf der Insel gegeben hat. Die Weißen machten sich nicht die Mühe, sich die Namen der Stämme zu merken, sie nannten sie schlicht „ab origine". Der lateinische Begriff steht für „etwas", das „von Anfang an da war". Heute geht man davon aus, daß noch circa 40 000 „ab origines" in Australien leben.

Die offiziellen historischen Quellen Australiens schweigen zu diesem Thema noch immer. Inoffiziell berichtet man von Greueltaten, schlimmer als anderswo auf der Welt. Da wurden Aborigines gefoltert, gemartert, abgeschlachtet, und das alles nur zum Vergnügen einiger Siedler-Verbrecher, die die englische Krone auserwählt hatte, diesen Erdteil zu kolonialisieren, was immer dies auch bedeuten mochte.

Eine Annäherung der Kulturen hat niemals stattgefunden und ist heute nur noch schwer denkbar. Eine grausame

Die Höhlen des Ayers Rock gelten bei den Aborigines als heilig.

Geschichte schuf unüberwindliche Vorurteile, zementierte Verhaltensweisen. Eine Lösung des offensichtlichen Dilemmas scheint nicht in Sicht. Nicht einmal die Suche nach einer Lösung hat begonnen. Ist die Lösung überhaupt notwendig? Die Hälfte der Aborigines kann als abgeschlachtet betrachtet werden, die andere Hälfte ist dem Alkohol verfallen. Heute vegetieren diese, höchstens ein Prozent der Bevölkerung oder weniger, in den Outback-Dörfern vor sich hin. Vergeht noch etwas Zeit, ist das Problem ohnehin gelöst, verlieren sich die Spuren der Ureinwohner in ihrer Dreamtime.

Das zentrale Verständnis für die Aborigines-Kultur ist die Traumzeit. Unter ihr versteht man den zentralen Prozess der australischen Mythologie, der die Entstehung und Gestaltung des Lebens beschreibt. Mythische Gestalten wanderten zu dieser Zeit, in grauer Vorzeit, durch die Weiten des australischen Kontinents und schufen dessen äußerliche Gestalt. Die Aborigines stellten sich das sehr anschaulich vor: Abgeworfene Haarreife verwandelten sich in Gebirgsgürtel, aus Speeren erwuchsen Bäume, Ruhesitze der Götter blieben als Felsenplateaus bestehen. Schweiß und Urin ließen Flüsse entstehen, Höhlen waren die Nachtunterstände der Götter. So entstand die Welt der Aborigines. Sie setzten die Wanderungen ihrer Götter fort, lebten mit ihren Schöpfungen wie Höhlen, Bächen und Bäumen. Vor den Tieren hatten sie große Ehrfurcht. Göttliche Vorschriften schützten Pflanzen und Tiere und verhinderten den Raubbau an der Natur. Diese Harmonie hätte ewig währen können. Sonnenaufgang und Sonnenuntergang allein unterbrachen die Zeit. Da griffen die Weißen in die Zeitrechnung ein. Die behutsame, ausgewogene Welt der Eingeborenen war ihnen gänzlich fremd. Egoistisch rafften sie an sich, was sie fanden, holzten die Wälder ab, beuteten den Boden aus, töteten die Tiere des Landes, zerstörten die Wiesen und die Weiden. Den weißen Eroberern ging es um die Ausbeutung des Landes, nicht um die sensible Pflege, welch ein Unterschied in Lebenseinstellung und Lebenskultur. Die stärkere, die aggressivere Kultur setzte sich durch. Die Zeit der Aborigines ist abgelaufen, ihre Traumzeit ist ausgeträumt. Vielleicht mag der eine oder andere überleben, assimiliert, in einer für ihn ungewohnten Welt. Aber vielleicht kehren auch irgendwann die Titanen der Urzeit zurück und bringen die Welt wieder in Ordnung.

Eingeborene demonstrieren, wie sie Feuer machen (Kuranda).

86

Der Stuart Hwy. ist eine einzigartige Straße. Sie wird nicht langweilig. Das Landschaftsbild wechselt, die Vegetation ändert sich und vergnügt ziehen wir auf „unserem Highway" dahin. Das *Northern Territory* ist regenreiches Land. Während im Winter fast immer die Sonne scheint, hängen im Sommer dicke Wolken am Himmel, brechen

The Track, zweiter Teil:

von Alice Springs bis Darwin

diese unvermittelt auf und fällt tropischer Regen auf die Erde. Das Outback wird überschwemmt, die armseligen Straßen von Wassermassen bedeckt. Zu Furten werden diese dann – auch der Stuart Hwy.: An den Straßenrändern zeigen Maßstäbe bis 1,40 Meter Höhe anschaulich, wie hoch die Fluten steigen können. In solchen Fällen bleibt es den Fahrern vorbehalten, zu entscheiden, ob sie wagen, die Furt zu durchqueren oder lieber geduldig warten, bis die Tropenfluten abgezogen sind.

Kurz nach *Alice Springs* verlieren sich die Felsformationen, das Outback gibt sich nun flach und sogar abwechslungslos. Doch nur kurz: Der Plenty Hwy. zweigt nach Osten ab, wo sich manche einsam gelegene Edelsteinmine findet. Wer abseits vom Touristenstrom sein Finderglück versuchen will, ist hier an der richtigen Stelle.

Bei *Aileron* stoßen wir auf einen Kuhverladeplatz. Wir wollen es nicht wahr-

Tennant Creek: Wollen die Eingeborenen überleben, müssen sie sich anpassen. Das ist ein schwieriger Prozeß.

haben, aber wir befinden uns inmitten einer weiten Weidelandschaft: Meilenweit ist alles eine einzige Rinderfarm, in der prächtiges „Fleisch produziert wird". Früher wurden die Rinder zu den Aufkäufern nach Osten getrieben. Dabei nahmen die Tiere an Fett ab und der Verkaufspreis sank zusehends. Heute befördern die Road Trains die Rinder von den Verladestationen direkt zu den Schlachthäusern. Innerhalb 24 Stunden sind die Rinder zu Fleisch und Wurst verarbeitet.

Bereits in den 30er Jahren wurde in *Ti Tree* eines der ersten Roadhouses des Northern Territory erbaut; *Ti Tree* war ein wichtiger Ort – im Umkreis von 160 km gab es die einzige Quelle klaren Wassers. *Ti Tree* nimmt für sich in Anspruch der geografische Mittelpunkt des Landes zu sein; genau genommen ist es der in der Nähe gelegene Central Mt. Stuart. Natürlich brüstet man sich in der Roadstation von *Ti Tree*, daß man hier das zentralste Bier des Landes trinken kann.

Barrow Creek verdankt seine Entstehung der Telegrafenlinie, die alte Station kann besichtigt werden. Uns zieht es zuerst an die Tankstelle und dann in die Kneipe des Roadhouses. Wir schlürfen an der Bar einen Kaffee und genießen das urwüchsige Far-West-Ambiente, das von rustikaler Einrichtung, vergilbten Bildern an den Wänden und urigen Fernfahrertypen lebt. Nirgendwo sonst im ganzen Outback herrscht eine so zünftige Stimmung wie hier; Fernfahrer planen ihre Routen sorgfältigst, um hier eine Nacht verbringen zu können. Am Wochenende spielt sogar eine Band auf.

Weite Felder mit Termitenhügeln prägen die Landschaft vor *Wauchope*, wie verlassene Friedhöfe muten sie an.

Kurz nach *Wauchope* trieb einst der Teufel sein Spielchen. Mit großen runden Murmelfelsen spielte er, rollte sie, häufte sie übereinander. Unvermittelt tauchen wir in diese bizarre Landschaft ein, die den Namen *The Devils Marbles* trägt, die Murmeln des Teufels. Felsmurmeln großen Ausmaßes scheinen vom Spiel der Titanen übrig geblieben zu sein, liegen unaufgeräumt herum wie in einem Kinderzimmer. Die Winde und Stürme von Jahrhunderten haben sie geschaffen, nötigen uns den Respekt vor der schöpferischen Natur ab. Die Aborigines glauben, daß es sich bei den Felsmurmeln um Eier der Regenbogenschlange handelt, entstanden vor langer Zeit in der Dreamtime.

Auf dem Weg nach *Tennant Creek* ändert sich die Vegetation sichtlich (ab *Gilbert Swamp*): Die Bäume wachsen höher, die Blätter glänzen grüner, nicht weit unter der Bodenoberfläche lagert Wasser ein. Kurz vor der Stadt erreichen wir *The Devils Pebbles*, eine kleinere Ausgabe der Devils Marbles, übereinander getürmte Steine, wild durcheinander geworfen. Kleinere Teufel waren am Werk.

Die Bewohner von *Tenannt Creek* pflegen ihren Ruf als Frontier Town. Dazu mag die angebliche Gründungsgeschichte beitragen: Ein Biertransporter ging einst bei *Tennant Creek* zu Bruch. Als der Fahrer feststellte, daß sein Wagen nicht mehr zu reparieren war, beschloß er auf der Stelle, im Outback ein Hotel zu eröffnen und sein Bier den Reisenden anzubieten. Das sprach sich im Land der Bierliebhaber in Windeseile herum und bald standen neben dem Hotel noch andere Hütten. Nachdem der ständige Biernachschub sichergestellt war, konnte sich *Tennant Creek* in aller Ruhe zu einem ansehn-

88

lichen Gemeinwesen entwickeln. Immer wieder überrascht einen das australische Outback neu: Nur ein paar Kilometer außerhalb der Stadt breitet sich der *Mary Ann Dam* aus, schöner als in jeder Vorstellung, ein schillernder See, grünes Weideland, schattenspendende Bäume. Ganz selbstverständlich für Australien sind die Barbecuegrills: Schon können wir mit der Zehe im Wasser planschend das erste Steak auf-

legen. Nein, dies ist keine Fata Morgana: Die Besucher können nach Herzenslust rudern, schwimmen, segeln oder einfach nur ausruhen.

Nach dieser willkommenen Pause erreichen wir bald den Barkly Hwy., der sich als gateway nach Osten, ins sonnige *Queensland* bezeichnet. Bis an die Küste (*Townsville*) sind es aber noch über 1500 km. Wir haben uns zu entscheiden, wollen wir zuerst dem Stuart

Hwy. nach Norden folgen oder wenden wir uns gleich nach Osten.

Auf dem Stuart Hwy. gibt es eine Reihe von historischen Orten. Mehr oder weniger wahre Geschichten ranken sich darum: *Attack Creek* zum Beispiel soll der Punkt sein, an dem 1860 John McDouall von Eingeborenen angegriffen und zum Rückzug nach Alice Springs genötigt worden war. In Wahrheit verlief alles weit weniger dramatisch. John McDouall hatte von Alice Springs eine erste Erkundung vorgenommen und kehrte nach einem Geplänkel mit den Eingeborenen mehr oder weniger planmäßig nach Alice Springs zurück, um seine Erfahrungen erstmals auszuwerten.

Renner Springs und *Elliott* sind langweilige Outback-Nester. Wellig, aber weitgehend gerade führt die Straße durch die rote Outback-Landschaft. Bei *Elliot* drängt sich der Lake Woods (13 km westlich) für eine Pause förmlich auf. Es ist der größte See des Northern Territory und „popular for picnics, boating, swimming and camping". Leider können wir der Einladung zum Campen nicht Folge leisten, wir müssen weiter. Das PMG Memorial ist nicht be-

Devils Marbles

Hier hat der Teufel mit Murmeln gespielt (Devils Marbles).

Fahrthinweis:

In *Three Ways* hat man nun tatsächlich eine Fahrtent-scheidung zu treffen. Nach *Darwin* benötigen wir noch zwei Tage und 958 lange Kilometer. Von *Darwin* wie-derum erreicht man den *Kakadu Nationalpark* (*Jabiru*) in einem guten halben Tag und 251 km. Die Strapazen lohnen sich nur, wenn man sich für den *Kakadu National Park*, für viele Besucher der schönste Nationalpark Au-straliens, mindestens einen weiteren Tag Zeit nimmt. Dann geht es wieder zurück nach *Three Ways*: minde-stens zwei Tage oder 1137 km. Während der Trockenzeit kann man versuchen, über den *Kakadu National Park* von *Jabiru* nach *Pine Creek* abzukürzen. Das sind dann immer noch zwei Tage, aber nur 936 km. Während der Regenzeit ist der nur teilweise geteerte Kakadu Hwy. für den Camper nicht passierbar. In *Three Ways* beginnt dann aber erst die große Herausforderung: Die Fahrt auf der einsamsten Straße der Welt, dem Barkly Hwy., nach Osten, 1652 km lang, drei Fahrtage weit.

Man kann es sich auch leichter machen, nämlich in *Dar-win* auf das Flugzeug umsteigen und nach *Cairns* fliegen, um dort die Fahrt fortzusetzen.

sichtigungswert, doch erinnert es an den 22. August 1872, als die Drähte der Telegrafenlinie gerade an diesem Ort im weiten Outback verbunden wurden: Das Kommunikationszeitalter begann nun auch im Outback.

Daly Waters bezeichnet sich als histori-scher Ort; man ist stolz auf zwei histori-sche Pubs „in town".

Endlich erreichen wir *Mataranka*. Weithin gerühmt wird der Mataranka Pool im gleichnamigen Nature Park. Eine Thermalquelle mit 34 Grad speist den glasklaren natürlichen Pool, so daß man nicht gerade die erhoffte Abküh-lung findet. Keine Sorge, es gibt auch kühlere Pools. Erfrischend und erho-lend ist das Bad, wenn nicht gerade zu viele Besucher die gleichen Absichten haben. In der Nähe befindet sich das einstige Mataranka Homestead. Hier entstand der Roman „We of the Never Never", der der Gegend um *Mataranka* zu literarischem Ruhm verhalf und gleichzeitig touristische Aufmerksamkeit erregte. Die Autorin Jeannie Gum war die Frau des Managers der Rinderfarm Elsey Station, die erste Europäerin, die es in diese Gegend verschlagen hatte. Sie schrieb über die Nordländer, die von sich behaupten: Wer hier lebt und das Land liebt, verläßt es niemals, niemals. Jeannie Gum hat es nach einigen Jahren verlassen. Niemals verlassen die großen Fledermäuse in der Regenzeit den Mataranka Pool.

115 km weiter nördlich liegt einer der großartigsten Naturschutzparks Australiens: *Katherine Gorge National Park*. Den Ort selbst muß man nicht gesehen haben, wenngleich er die drittgrößte Stadt des Northern Territory ist und Bedeutung durch einige Industriebetriebe, Viehzucht und eine Basis der amerikanischen Streitkräfte besitzt. 30 km östlich liegt der Park. Beim Besucherzentrum befindet sich auch ein Campingplatz. Im *Katherine Gorge National Park* kann man die ganze Schönheit der Sandsteinlandschaft des Arnhemlandplateaus sehen, geprägt von vielen, bis zu 100 Meter tiefen Schluchten. Wenn zwischen November und März bis zu 1000 mm Niederschlag fallen, wird der Katherine River zum reißenden Strom, der mit großer Kraft den Sandstein formt und bildet. In der Sommerzeit schrumpft er zu einem Rinnsal zusammen, das still in den tiefen Schluchten liegt. Da der Katherine River das ganze Jahr Wasser führt, ist er zu einem Paradies für viele Vögel, insbesondere Wasservögel geworden. Aber auch Wallabies und Känguruhs fühlen sich in dem Park wohl; im Fluß halten sich Krokodile versteckt. Noch

während der Anfahrt läßt uns die karge Vegetation an den versprochenen Schönheiten zweifeln, erst wenn wir mit dem Boot durch die Schluchten fahren, eröffnet sich uns deren ganze Schönheit.

Wir müssen weiter, zurück in die Eintönigkeit. Bei *Pine Creek* zweigt der Kakadu Hwy. ab. Zur Trockenzeit kann man ihn auch mit dem Camper passieren. Aber wir wollen unbedingt nach *Darwin*, warum? Ein gewisser Ehrgeiz treibt uns, wir wollen den Stuart Hwy. beenden.

In *Pine Creek* hat man einmal Gold gefunden. Aber nicht einmal der „goldrush" zog viele Weiße an. Die Arbeit in dem feuchtheißen Klima behagte ihnen nicht, die Gewinnaussichten erschienen ihnen zu gering. Da holte man chinesische Goldsucher ins Land. Bald lebten über 1500 Chinesen in *Pine Creek*, manche davon wurden reich. Heute gibt es kein Gold mehr und die Chinesen sind schon lange weiter gezogen. An die 400 Menschen, die Unverzagten, leben heute noch in *Pine Creek*. Termitenhügel gibt es in gesamt Nordaustralien. Aber die wirklich großen Termitenhügel, die bis zu 5 m hoch werden, liegen nördlich von *Pine Creek*. Die fleißigen Tierchen sind nicht zu unterschätzen, schon manches Pionierhäuschen fiel ihrem Appetit zum Opfer.

Über *Adelaide River* und *Noonamah* nähern wir uns *Darwin*. Neben der Straße erkennen wir asphaltierte Landebahnen. Kein Versehen: Von hier aus starteten im Zweiten Weltkrieg die Spitfire Flugzeuge von Amerikanern und Australiern, um in die Luftkämpfe über dem Pazifik einzugreifen.

Nicht versäumen sollte man kurz nach *Noonamah* den Besuch der Darwin Crocodile Farm. Mit über 7000 Süß-

und Salzwasserkrokodilen hält die Farm einen Rekord. Star ist Bert, ein „salty" mit 4,50 Metern Länge.

Und Darwin? *Darwin* allein rechtfertigt den weiten Weg sicherlich nicht. Sintflutartige Regenfälle, hohe Temperaturen und manchmal unerträglich hohe Luftfeuchtigkeit sprechen nicht gerade für den Ort. In der Regenzeit toben häufig Wirbelstürme über die Stadt, so auch Tracy, der am 25. Dezember 1974 mit 280 km/h über Darwin fegte. Er zerstörte etwa 90 Prozent der Gebäude. Darwin mußte neu erbaut werden.

Bereits vor 500 Jahren kamen Besucher aus der indonesischen Inselwelt an die australische Küste. Sie beluden ihre Schiffe mit Sandelholz. Ein erster Handelsstützpunkt wurde eröffnet und die zurück gebliebenen Indonesier vermischten sich mit den Aborigines. Das gegenseitige Verhältnis muß gut gewesen sein. Als im 17. Jahrhundert die Holländer in Südostasien aktiv wurden, unterbrachen sie diesen lebhaften Handel. 1802 und 1804 segelte Captain Matthew Flinders an der Nordküste des Kontinents entlang. Noch unterblieb jedoch jeder Besiedelungsversuch. Erst 1824 versuchte man, mit einer Niederlassung Fuß zu fassen, halbherzig nur, lediglich durch die Angst vor französischer Besitznahme und holländischen Handelserfolgen veranlaßt. Dann aber schmiedete man große Pläne; es sollte ein Gegenstück zu Singapur geschaffen werden. Aber drei Versuche scheiterten. In Darwin schien sich menschliches Leben nicht entfalten zu können. 1863 übernahm die Regierung von Südaustralien die Verwaltung des nördlichen Teils: ein neuer, dieses Mal erfolgreicher Versuch der Erschließung. Die 1866 gegründete Siedlung erhielt den Namen Palmerston, 1869 wurde sie zum Gedenken an den Naturforscher Charles Darwin umbenannt. Nicht, daß Darwin nun plötzlich eine Bevölkerungsexplosion erlebt hätte, aber es ging leidlich aufwärts. Im neuen unabhängigen Staat Australien übernahm 1911 der Bundesstaat die Verantwortung für das Northern Territory, ein Behördenakt, der keine weitreichende Änderung mit sich brachte. Erst der Zweite Weltkrieg veränderte die Situation. Plötzlich besaß das Top End militärische Bedeutung. Seit 1978 als Territorium selbständig, aber nicht gleichberechtigt, erlangte Darwin als Verwaltungshauptstadt neues Selbstbewußtsein. Fast 100 000 Menschen leben mittlerweile in der Stadt mit den harten

Hauptstraße von Tennant Creek

93

The Track, zweiter Teil

Lebensbedingungen; manche von ihnen versichern, daß sie gerne in ihr leben.

In Darwin können Tierliebhaber eine Besonderheit erleben. Fast mitten in der Stadt, am Ende der Esplanade befindet sich Aquascene (Doctor's Gully): Jeden Tag mit der Flut schwimmen Hunderte von Fischen an Land, um sich füttern zu lassen. Das flache Wasser wimmelt von ihnen; zutraulich fressen sie dem Besucher aus der Hand.

Gesamt: 1481 km; drei Tagesetappen
17. Tag: Alice Springs bis Tennant Creek: 504 km
18+1. Tag: Tennant Creek bis Mataranka: 562 Km
18+2. Tag: Mataranka bis Darwin: 415 km

17. Tag:
Highlights:
● *Ti Tree (geografischer Mittelpunkt)*
● *Barrow Creek (Roadhouse)*
● *The Devils Marbles*
● *The Devils Pebbles*
● *Tenannt Creek (Mary Ann Dam)*
Camping, Tennant Creek:
Tennant Creek Caravan Park, 208 Paterson Street (Stuart Hwy.), Tel.: 089/622325
18+1. Tag:
Highlights:
● *Mataranka Pool*
Camping, Mataranka:
Mataranka Homestead Caravan Park, Off Stuart Hwy. (9 km südöstlich von Mataranka), Tel.: 089/754544
18+2. Tag:
Highlights:
● *Katherine Gorge National Park*
● *Crocodile Farm (Stuart Hwy., 40 km südlich von Darwin)*
● *Darwin (Aquascene, Doctor's Gully)*
Camping, Darwin:
Malak Caravan Park, Mc Millans Road, Malak 0812, Tel.: 089/273500 (15 km nordöstlich vom General Post Office)

Nicht die Kakadus standen Pate bei der Namensgebung dieses Parkes, wie man vielleicht mit einigem Recht annehmen könnte, sondern der Stamm der Gagadju, Ureinwohner mit kompliziert klingendem Stammesnamen, der von den Weißen unsauber ausgesprochen, dem *Kakadu National Park* seinen Namen gab. Mit seinen knapp 20 000 qkm

Kakadu National Park, zurück zu den Urzeiten

gehört er zu den größten, und wie der Uluru zu den am meisten besuchten Nationalparks des Landes. Er ist sowohl berühmt für seine Naturschönheiten wie auch für Kulturzeugnisse (Felsmalereien) der Aborigines, so daß er 1987 von der UNESCO zum „Erbe der Menschheit" erklärt wurde.

Unverändert seit den Tagen der Schöpfung, so erscheint der *Kakadu National Park* noch heute. Eine reiche Vogelwelt (275 Vogelarten: Dies entspricht etwa einem Drittel aller in Australien vorkommenden Vogelarten!), über 50 verschiedene Säugetierarten (Wallabies, Känguruhs und Dingos sind die häufigsten) und natürlich Krokodile in ausreichender Zahl haben hier ihren geschützten Lebensraum behalten. Allein 22 verschiedene Arten an Mangroven trotzen dem Salzwasser an der Küste. In den Überschwemmungsebenen

wechseln sich Sumpfwälder und Riedgrasflächen in unregelmäßiger Folge ab. Zum eher trockenen Hügelland hin breiten sich Hartlaubwälder und Savannen mit Grasland aus. Der *Kakadu National Park* bietet in Sachen Fauna und Flora einmalige Superlativen. Zu jeder Zeit ist der Park ein großes Erlebnis, aber insbesondere in der Trockenzeit beeindrucken die vielen Wasservögel, die sich an den verbliebenen Wasserstellen und Flußläufen konzentrieren. Wenn sie sich in Scharen in die Lüfte erheben, verdunkeln sie den Himmel. Farbenfrohe Eisvögel, majestätische Kakadus und prächtige Seeadler erfreuen uns. Die Warane, die uns erschrecken, sind ungefährlich und ängstlicher als wir. Eine Plage sind die Wasserbüffel, die 1829 aus Indonesien eingeführt wurden. Sie verwilderten und richten mittlerweile aufgrund ungehinderter Vermehrung großen Schaden an der Natur an. Da ihre Trampelpfade zu Kanälen werden, die das salzige Meerwasser in die Sümpfe eindringen läßt und die dortige Vegetation zerstört, werden die Wasserbüffel systematisch abgeschossen. Sie sollen aus dem Park verbannt werden. Noch kann man sie jedoch ab und zu beobachten: eine Wasserbüffelherde entbehrt nicht eines gewissen majestätischen Anblicks. Reichhaltig ist auch die Fischwelt. Die schmackhaften Barramundis sind bei Anglern beliebt. Eine seltene Kuriosität sind die Knochenzüngler, die ihre Eier im Maul ausbrüten.

Jede Fahrt in den *Kakadu National Park* sollte beim Besucherzentrum im National Park Headquarters, etwa 5 km vor *Jabiru* beginnen. In ihm kann man sich mit allen grundlegenden (und notwendigen) Informationen über den

Park, seine Fauna und Flora versorgen und natürlich erhält man auch Auskunft über die Eigentümer des Parks: Seit 1978 gehört das Land (wieder) den Aborigines, die es mehr oder weniger freiwillig an den australischen Staat verpachtet haben. Sie kassieren zumindest gutes Geld aus diesem Pachtvertrag. Geld allein verändert aber nicht unbedingt ihre Lebenssituation. Lebten sie einst in Harmonie mit der Natur, müssen sie sich heute um Finanzen und Finanzamt kümmern. Die in der Nähe von *Cooinda* gelegene Yellow Water Lagoon ist Ausgangspunkt für die meisten Bootstouren. Nur auf dem Wasser kann man die volle Schönheit des Parks entdecken. Wir tauchen ein in die ruhige, verträumte Wasserwelt, fahren langsam vorbei an den üppig-grünen Flußufern. Ab und zu fliegen Vögel auf, ein Kakadu protestiert lautstark über die Störung. Die Krokodile sind vorsichtig, liegen versteckt unter Blättern in stillen Wassertümpeln. Erst der Bootsführer macht uns auf sie aufmerksam. Selbst als wir in unmittelbarer Nähe an ihnen vorbeigleiten, rühren sie sich nicht. Aber nicht nur vom Wasser aus lohnt sich die Entdeckung des *Kakadu National Park*s. Viele angelegte Naturpfade laden zu kleinen Wanderungen ein. Auch dabei läßt sich die reiche Fauna und Flora trefflich gut erleben. Die Felsmalereien der Aborigines (bei *Nourlangie* und *Ubirr*) sind ohne Führung schwer zu erreichen. Will man sie erleben, ist man gut beraten, sich einer kommerziellen Tour anzuvertrauen. Auf eigene Faust kann man einen Landrover mieten und zu den Jim Jim Falls fahren, die natürlich in der Regenzeit besonders prächtig anzusehen sind. In der Nähe liegen die nicht minder prächtigen Twin Falls. Deren Besuch allerdings gestaltet sich richtig zünftig: Vom Parkplatz hat man noch eine kleine Schwimmanstrengung vor sich, bis man den Wasserfall erreicht.

Warnschilder weisen auf rechtzeitige Tanken hin.

Gesamt 251 km; zwei Tagesetappen
18+3. Tag: Darwin bis Jabiru: 251 km
18+4. Tag: Kakadu National Park

18+3. 18+4. Tag:
Highlights:
● *Besucherzentrum (5 km vor Jabiru)*
● *Yellow Water Lagoon (beim Cooinda Hotel)*
● *Aborigines-Galerien (Nourlangie und Ubirr)*
● *Jim Jim Falls*
● *Twin Falls*
Bootstouren:
Kakadu Princess Cruises, Abfahrt von der South Alligator River Bridge, in der Nähe des Kakadu Holiday Village, Buchung unter Tel.: 089/790166
Yellow Water Cruises, Abfahrt Four Seasons Cooinda, Buchung unter Tel.: 089/790145
Camping, Cooinda:
Four Seasons Cooinda Caravan Park, Off Kakadu Hwy., Tel.: 089/790145
Ein kleiner, sehr zentral und idyllisch gelegener Campingplatz
Fahrthinweis:
(Tag 18+5 und Tag 18+6) Rückfahrt nach Three Ways zum Barkly Hwy.: 1137 km (über Darwin), 936 km (über Kakadu Hwy.);

In *Three Ways* beginnt der Track nach Osten, 1652 km sind zu bewältigen. War der Stuart Hwy. abwechslungsreich, so ist der Barkly Hwy. eintönig. Vielleicht steht er gerade deswegen für die Erfahrung der australischen Weite. Durchmaß der Stuart Hwy. viele unterschiedliche Vegetationsstufen, so begleitet einen auf dem Barkly Hwy. bis

Die einsamste Straße der Welt

auf wenige Ausnahmen das immer gleiche Landschaftsbild: Buschland, magere Eukalyptusbäume und Akazienbüsche, aber insbesondere Spinifexgras, das bald alles andere zurückdrängt. Der Wind weht kräftig, meistens von Osten und hemmt die ohnehin langsame Fahrt. Er treibt verspielt ausgerissene Spinifexbüschel über die Straße. Wir fahren durch eine weite Ebene, die Tablelands. Sie ist flach, dehnt sich endlos bis zum fernen Horizont. *Barkly Roadhouse* unterbricht zunächst die Einsamkeit. Aber Tankstelle, Roadhouse und Campingplatz verstärken in ihrem Erscheinungsbild dann eher diese Einsamkeit. Wir tanken den Wagen bis zum Anschlag auf, denn erst in genau 262 Kilometern gibt es die nächste Tankstelle. 262 km führt die Straße durch immer flaches Land, Weideland, auf dem magere Rinder friedlich grasen. Das Spinifexgras ist nicht sonderlich nahrhaft.

Wir kämpfen mit der Straße, gegen den Wind, stemmen uns gegen die Gleichförmigkeit, verdammen die Langeweile. Der Kilometerzähler ändert sich viel zu langsam. Die Sekunden werden zu Stunden.

Kurz vor *Camooweal* erreichen wir die Grenze von *Queensland*. Wir stellen die Uhrzeit wieder um eine halbe Stunde vor. Ansonsten besteht die einzige Veränderung darin, daß die Straße schlechter wird, enger, schwieriger zu befahren. Alles das, was der Stuart Hwy. als ein Kinderspiel erscheinen ließ, wird auf dem Barkly Hwy. zur Herausforderung. Die Teerdecke ist nur noch einspurig. Wenn Road Trains herandonnern, suchen wir unser Glück seitlich im roten Sand des Landes. Die Fahrer der Road Trains kennen kein Pardon. Sie haben Vorfahrt, sie erzwingen sich die Vorfahrt. Wer nicht rechtzeitig in die rote Erde ausweicht, erhält unweigerlich die Quittung: Steine treffen die Windschutzscheibe.

Camooweal ist ein kleines Nest, über das es nichts zu berichten gibt, Outback in Reinkultur.

Nach *Mount Isa* sind es nur schlappe 200 km, aber abenteuerliche Wege; der Camper neigt sich nicht nur gemäß der Straße rechts und links, sondern folgt auch den Bodenwellen auf und ab, über alle Hügel. Der Highway paßt sich voll dem Gelände an. Vor *Mount Isa* sind zwar Straßenarbeiter am Werkeln, aber es wird noch Jahre dauern… Um *Mount Isa* ändert sich die Landschaft. Bizarre Berge versperren plötzlich die Sicht. Bald bemerken wir die ersten Minen, schließlich zwei Schornsteine, die das Ziel anzeigen. Mount Isa ist Industriezone. Die Schmelze bestimmt das Stadtbild. Entsetzen uns normalerweise solche Anblicke, so schleicht sich hier eine gewisse Erleichterung ein, denn schließlich sind wir „back in civilisation". In und um Mount Isa befinden sich die reichsten Silber- und Bleimi-

Eintönigkeit begleitet uns auf dem Barkley Highway.

nen der Welt. Die Stadt selbst, 23 000 Einwohner stark, entwickelte sich zu einer modernen Oase mit Supermärkten, Läden, Einfamilienhäusern im Grünen. Auf dem Lookout steht ein Wegweiser, der die Sehnsucht in alle Welt widerspiegelt. Die Dame im Informationszentrum versteht nicht, daß wir uns für Mount Isa interessieren. Sie drückt uns Prospekte von Cairns und der tropischen Küstenlandschaft in die Hand. Dabei kann Mount Isa sogar auf einen Rekord im Guinessbuch verweisen: Es ist die flächenmäßig größte Stadt der Welt, allerdings nur, weil die Stadtgrenzen weit ins Outback hinausreichen.

Wir folgen dem Highway und erreichen schließlich *Cloncurry*, ein kleines Nest mit nettem Aussehen. Und sonst? Größter Kupferproduzent Australiens

während des Ersten Weltkriegs, Geburtsort des 1920 gegründeten „Queensland and Northern Territory Aerial Service" – Das kleine Flugunternehmen wurde schließlich die große (nicht immer von Turbulenzen verschonte) Quantas – und weiterhin Geburtsort (1928) des Royal Flying Doctor Service.

Der Flinders Hwy. führt direkt zur Küste nach *Townsville*. Weideland, abgemagerte Rinder, viel mageres und hartes Spinifexgras, ein Sonnenuntergang im Westen über der immer gleichen Landschaft. In der schnell hereinbrechenden Dunkelheit entdeckt man irgendwo in der Ferne Lichter, die still zu stehen scheinen. Es dauert eine Ewigkeit, bis sich das Auto nähert, ungewohnte Perspektiven für den Reisenden. In der Nacht benutzen Rinder

gerne die Fahrbahn als Schlafstätte. Kein Wunder, daß so viele Rinderleichen die Straße säumen.

Julia Creek ist ein Flecken im Nirgendwo, der eben an der Hauptstraße liegt, sonst nicht viel mehr.

Der Weg nach *Richmond* ist mühselig. Einzige Abwechslung bieten dem Auge höchstens die Kadaver, die rechts und links des Weges liegen. Viele Känguruhs, aber auch Dingos und Kühe sind Opfer des Straßenverkehrs geworden. Geier haben sich über die jüngsten Opfer gesetzt, laben sich am warmen Fleisch. Kleine Farmen, die eher armselig wirken, sieht man hie und da.

Auf schlechten Straßen erreichen wir *Hughenden*, gerade 1700 Einwohner groß. Anhalten lohnt nicht.

100 Kilometer nach *Hughenden* wird die Landschaft gebirgig, die Straße steigt leicht bergan und unversehens befinden wir uns im felsigen Gebiet der Great Dividing Range, des Bergrükkens, der das Inland von der Küste trennt. Er trägt keinen konkreteren Namen. Wer Lust hat, Namen jungfräulich zu vergeben, ist hier an der richtigen Stelle. An einem Lookout genießen wir die Schönheit des namenlosen Bergrückens. Wir fahren von nun an durch Wälder, die Vegetation wird immer üppiger, die ersten Creeks führen Wasser.

In der alten Goldgräberstadt *Charters Towers* hat man 1871 Gold entdeckt. Beim Towers Hill suchte damals ein Aborigines-Junge nach einem entlaufenen Packpferd, als er einen Goldstein fand – Paukenschlag für den „goldrush". Innerhalb von 40 Jahren hat man Gold im Wert von vielen Millionen Dollar ge-

Sonnenuntergang in Julia Creek

99

Mount Isa: Blick vom Lookout

der Küste. Das rote Herz Australiens liegt hinter uns.

Rückblickend meinen wir, daß uns nur diese Strecke australische Größe, Weite und Eintönigkeit erspüren ließ. Ein Muß für jeden, der Australien von allen Seiten kennenlernen will. Ein zweites Mal wird er diese Strecke allerdings nicht mehr freiwillig fahren.

Gesamt: 1652 km, drei Tagesetappen (*18. bis 20. Tag*)
Die Tagesetappen wurden nicht unterteilt; sie richten sich nach der jeweiligen Fahrgeschwindigkeit.

18. bis 20. Tag:
Highlights:
● *Mount Isa (Lookout)*
● *Cloncurry*
● *Great Dividing Range*
● *Charters Towers (Hauptstraße)*
Camping:
Wir geben keine besonderen Unterkunftsempfehlungen. Jeder Ort, jede Roadstation besitzt einen Campingplatz. Sie sind nicht immer sehr komfortabel, aber immer sauber und angemessen. Sie sind Etappenziele im Outback.
Camping, Townsville:
Sun City Caravan Park, 119 Bowen Road, Tel.: 077/757733
In Stadtnähe gelegender komfortabler Campingplatz Rowes Bay Caravan Park, Heatley's Pde, Rowes Bay, Tel.: 077/713576
ungefähr drei Kilometer außerhalb der Stadt gelegen; nur durch eine Straße vom Meer getrennt; sehr empfehlenswert

---

Fahrthinweis:
Die Routenbeschreibung der Küste beginnt mit dem nördlichsten Ort, den wir mit dem Camper erreichen können. Das ist Mossman bzw. Port Douglas. Man fährt entweder auf dem Kennedy Hwy. von Charters Towers (780 km) oder entlang der Küste auf dem Bruce Hwy. von Townsville (446 km) nach Norden. (21. Tag)

---

wonnen. Von diesem Goldrausch zeugen noch die Gebäude der Hauptstraße. Sie würden sich als Kulisse für einen Wildwest-Film eignen. Doch sie sind nicht Kulisse, in ihnen läuft ein richtiger, normaler, australischer Alltag ab. Vom Supermarkt bis zum Drive-In-Bottle-Shop verbirgt sich so manches hinter historischen Fassaden. In Charters Towers gibt es Australiens einzige Börse (stock exchange), die sich außerhalb einer Hauptstadt eines Bundesstaates befindet. Sie arbeitet 24 Stunden am Tag, sieben Tage die Woche und erinnert uns daran, daß man die Stadt einst in den guten Goldrauschtagen „The Worlde" nannte. Heute leben nur noch circa 10 000 Menschen hier.

Nur 135 km sind es noch bis *Townsville*, wenig und doch viel. Die Straße schlängelt sich hinunter zur Küste, die tropische Vegetation begeistert uns. Wir lauern sehnsüchtig auf den Anblick des Meeres. Doch wir sehen nur Farmen, die Pferdezucht dominiert. Küstennähe. Endlich beginnen die Vororte von Townsville. Die Stadt zeigt sich nicht von ihrer schönsten Seite: Industriesiedlungen. Doch wir befinden uns an

Mossman wählen wir als Ausgangspunkt für unsere Fahrt entlang der Pazifikküste nach Süden. Hier beginnt die Asphaltstraße. Umgekehrt beginnt für viele Abenteurer der Spaß jedoch erst in *Mossman*. Sie richten sich nach Norden: Eine enge und schlechte Straße führt nach *Daintree*, dann muß man mit der Fähre den Daintree River über-

m hohen Norden von Queensland:
on Mossman/Port Douglas bis Mackay

queren und steht alleine im unwegsamen Gelände. Nur geübte Fahrer von vierradangetriebenen Fahrzeugen sollten die Auseinandersetzung mit den Naturgewalten aufnehmen. Jeder Fehler rächt sich im Norden Australiens. Der Regenwald reicht bis an die Küste, geht in Mangrovenwälder über, feiner Sandstrand führt zum Meer. Das Land gilt noch als Geheimtip, Schönheit garantiert.

Mancher schlägt sich durch bis *Cooktown*, wo 1770 James Cook mehr oder weniger freiwillig mit seiner Endeavour strandete. Der Ort wurde später nach ihm benannt: Cooktown, an dem Fluß gelegen, dem man später den Namen seines Schiffes gab: Endeavour. Mit diesem Ereignis begann die Neuzeit für Australien.

Nur in *Cooktown* hat die Neuzeit bis heute noch nicht so recht begonnen, es liegt abseits der Verkehrswege im hohen Norden *Queenslands*; nur mit dem four-wheel-drive ist der kleine Ort zu erreichen. Am berühmten Endeavour River gibt es eine Krokodilfarm, aber Krokos kann man auch in freier Wildbahn sichten. Einstmals profitierte der verschlafene Ort vom Goldrausch am Palmer River, so daß *Cooktown* Ende des 19. Jahrhunderts sogar als zweitgrößte Stadt von *Queensland* galt. 65 Pubs reihten sich damals in der Hauptstraße aneinander. Vom Rausch ist bis auf den Katzenjammer nichts übrig geblieben. 1970 empfingen gerade einige hundert Einwohner (von den einstmals 35 000) Queen Elizabeth, die anläßlich der 200 Jahre zurückliegenden Entdekkung das James Cook Museum eröffnete.

Unsere Campertour beginnt in *Mossman*, der nördlichsten Zuckerrohrstadt, in der sich auch nicht viel geändert hat. In der Zuckerrohrsaison von Juni bis Dezember herrscht reges Leben: Die kleinen Zuckerrohrzüge rattern auf den Schmalspurschienen, die Schornsteine

Mount Isa: Dieser Wegweiser kündet von Fernweh und Sehnsucht.

Krokodil

Kasuar

Känguruh

der Zuckerschmelzen dampfen in den blauen Himmel. In dieser Zeit bestimmt das zarte Grün des Zuckerrohrs die hügelige Landschaft. Grün prägt auch den *Mossman Gorge National Park*. Regenwälder und Wasserfälle bilden seine Kulisse.

Der wichtigste Hafen im Norden ist *Port Douglas*; er ist Umschlagsplatz für den Rohzucker. Daran hatte man allerdings 1877 nicht gedacht, als der Hafen angelegt wurde. Über ihn wurde das im Palmer River gewaschene Gold in die Metropolen des Südens gebracht. Heute ist der Ort wichtiges Tourismuszentrum. Hier beginnen Touren in den hohen Norden, im Hafen legen die Schnellboote ab, die zum *Great Barrier Reef* fahren, zum äußeren Riff wohlgemerkt, wo die Natur (noch) intakt ist. Die Marina Mirage ist unübersehbares Zeichen dieser neuen Zeit: ein großer Jachthafen, ein Shopping Centre und der Anlegeplatz für die Quicksilver, das Schiff, mit dem sich das *Great Barrier Reef* erobern läßt.

Schade ist nur, daß man im Sommer nicht in diesem herrlichen Meer baden kann. Stingers, auch jellyfish genannt, eine langarmige, durchsichtige Giftqualle treibt vor der Küste ihr Unwesen. Wer mit ihren Tentakeln in Berührung kommt, erleidet Verbrennungen und aufsteigende Lähmungen bis zum Herzstillstand. Von Dezember bis März schaut man daher die Strände lieber vom Lookout an, badet im Swimmingpool und hofft auf den Winter, der die Qualle wieder vertreibt.

Die Straße von *Port Douglas* nach *Cairns* wird gerühmt als eine der schönsten Küstenstraßen Australiens. Wir fahren an wahrlich traumhaften Stränden vorbei. Sie erfüllen mit Palmen, Sand, Meer und Sonne alle Klischees exotischer Strandvorstellungen. Es gibt sie also doch. Die Küste selbst nennt sich „Marlin Coast" und verrät damit, daß hier der berühmte schwarze Merlin vorkommt, ein Traum für jeden Sportfischer.

Zwischen *Port Douglas* und *Cairns* liegt Hartleys Creek Crocodile Farm. Es werden in der Farm nicht nur Krokodile gezüchtet, sondern, sofern erforderlich, auch gefährliche Krokodile der Umgebung eingefangen. Die Farmer sind stolz auf die seltene „lizence to catch the crocs". Star ist Charlie, ein Salzwasserveteran, der schon 54 Jahre friedlich auf der Farm lebt.

In *Cairns* ist kein Strand zu finden, das einzige Manko dieser sonnenverwöhnten Hauptstadt von FNQ, ausgeschrieben: Far North *Queensland*. Stolz ist man auf die Vergangenheit: Der erste Weiße, der diese Küste sah, war 1521

Cristóvão de Mendoça, ein Portugiese. Gegründet wurde der Ort aber erst viel später: 1879, als auf dem Atherton Tableland Zinn und am Palmer River Gold gefunden wurde. Die Abenteurer gründeteten an der Trinity Bay einen

Port Douglas: die Wäscherei

Urwald-Bahnhof von Kuranda

Ort namens Barbarenküste mit einem geschützten Hafen, über den das gefundene Gold ausgeführt wurde. Heute ist *Cairns* Touristenmagnet: Ausgangspunkt für Ausflugsschiffe zum *Great Barrier Reef* und ElDorado für die Merlin-Angler. Nicht so schmeichelhaft allerdings ist der Ruf, ein Mittelpunkt des Rassismus zu sein. Damit steht *Cairns* im tropischen Norden jedoch nicht alleine.

Absolutes touristisches Muß ist von *Cairns* aus ein Abstecher nach Kuranda. Ganz besonders reizvoll fährt es sich mit der Dampfeisenbahn von *Cairns* nach *Kuranda*: Zweifelsohne beachtlich, was die australischen Pioniere 1884 bis 1888 geleistet haben, als sie diese Eisenbahnlinie erbauten; die 34 km lange Strecke durch den Regenwald gilt als eine der großartigsten Bahnstrecken Australiens. Für europäische Wertmaßstäbe relativiert sich diese Aussage allerdings.

Wir fahren mit dem Auto, weil wir den Abstecher nach *Kuranda* mit einer Fahrt durch das *Atherton Tableland* verbinden wollen. Schön ist zunächst der Blick von den Serpentinen der

Curtain Fig Tree

Straße, die sich zum Tafelland hochwindet. Unten in der Ferne liegt das Küstenland.

Kuranda ist „Touristenland" – da begeistert die Bahnfahrer zuerst der altertümliche Bahnhof, der von Pflanzen schier überwuchert wird. Auf der anderen Seite des Bahnhofs schlängelt sich der Barron River dahin, der bald nach *Kuranda* (Lookout) als Wasserfall in die Tiefe stürzt. Wir unternehmen vom Bahnhof einen Spaziergang zur Goondoo Street, wo noch eine Reihe von historischen Gebäuden „sehenswert" sind. Zwei „Institutionen" lohnen einen Besuch ganz besonders: Im Australian Butterfly Sanctuary findet man Tausende von Schmetterlingen, die im Regenwald zuhause sind. Das „Butterfly House", in dem uns die farbenfrohen Schmetterlinge lustig umflattern, ist das größte seiner Art und daher auch im Guinness Buch der Rekorde verewigt.

Das Tjapukai Dance Theatre hat es sich zur Aufgabe gemacht, Aborigines-Kultur zu vermitteln. Es werden zwar westliche Showelemente verwendet; aber vielleicht liegt es gerade daran, daß den (ausschließlich) westlichen Besuchern die Aborigines-Lebensweise weitgehend verständlich wird.

Von *Kuranda* aus fahren wir durch das *Atherton Tableland*, zunächst über den Kennedy Hwy. nach *Mareeba*, Mittelpunkt der Tabakpflanzungen, dann nach *Atherton*, dem Hauptort der Tablelands. Bei *Tolga* fahren wir an weiten Erdnußplantagen vorbei. Das hochgelegene (flache) Tableland, von regenwaldbedeckten Bergen umgeben, ist äußerst fruchtbar: Tabak, Erdnüsse und Gemüse werden angebaut.

Landschaftlich besonders eindrucksvoll sind die *Tinaburra Waters*, ein fischreicher Stausee, und die Kraterseen *Lake Eacham* und *Lake Barrine*. Beide liegen malerisch inmitten üppiger tropischer Regenwaldvegetation. Diesem Regenwald verdanken wir auch zwei wichtige „Baumskulpturen": der *Curtain Fig Tree* breitet seine Luftwurzeln wie einen Vorhang weitflächig aus; der *Cathedral Fig Tree* gilt als höchster Baum der Region. (Übersetzt heißt Fig Tree Würgefeige; der deutsche Name erscheint sehr treffend: Die Feige, eine Schmarotzerpflanze, umgarnt den nächststehenden Baum, erwürgt ihn im wahrsten Sinne des Wortes, bringt ihn damit zu Fall und dehnt sich zum nächsten Baum aus, wo die Luftwurzeln abermals den neuen Gastbaum einbeziehen.)

Der Bruce Hwy., von *Cairns* in südliche Richtung, führt durch weites Zuckerrohrgebiet. Das konstante tropische Klima und die häufigen Regenfälle sind ideale Voraussetzungen für das Gedeihen des Zuckerrohrs. Ein Dreivierteljahr bedecken die grünen Schösslinge die Hügel. Nach der Ernte liegen Brandwolken über der Landschaft, wenn die Zuckerrohrreste abgebrannt werden. Mittelpunkt des Zuckerlandes ist *Innisfail*. (Um *Innisfail* gibt es auch viele Bananenplantagen.) Zwei Zuckermühlen sind während der Erntezeit Tag und Nacht in Betrieb und können besichtigt werden, ebenso die Zuckerverladeanlagen in *Mourilyan* Harbour. In *Mourilyan* befindet sich das Australian Sugar Museum. Übersichtlich und eindrücklich wird die Geschichte der Zuckergewinnung dargestellt. Nur eine halbe Stunde östlich auf dem Palmerston Hwy. ist die Nerada-Plantage, das Zentrum der (staatlichen) Teeindustrie zu finden (Besichtigungen möglich). Die Gründung von *Innisfail* ging übrigens auf den Geschäftssinn der katholi-

tropischen Nor- findet man die schönsten Strände

Zuckerrohrfeld

*Ein kleiner Zug
bringt die
Zuckerrohrernte
in die Fabrik.*

*In der Zuckermühle
wird das Zucker-
rohr zu Rohzucker
verarbeitet.*

schen Kirche zurück. Der Bischof von Brisbane beteiligte sich in den 1880er Jahren an einem joint venture und stieg in das Zuckergeschäft ein. Er kaufte (an Stelle des späteren Innisfail) 10000 Hektar Dschungelland, ließ es von fleißigen italienischen Katholiken roden und Zuckerrohr anpflanzen. Kein Wunder, daß in dieser Gegend auch heute noch die katholische Kirche im Gegensatz zum weitgehend protestantischen Australien das Sagen hat.

Vom Bruce Hwy. zweigt eine Stichstraße nach *Mission Beach* ab, benannt nach Aborigines-Missionen, die Anfang des 20. Jahrhunderts eingerichtet wurden. Zuerst fahren wir durch einen kleinen Nationalpark, der die Regenwaldvegetation schützen soll und außerdem den Cassowaries (Kasuar) ein ungestörtes Refugium sichert. Wanderer sind willkommen. Hinter „Mission Beach" verstecken sich eigentlich mehrere kleine Ortschaften, denen allen gemeinsam ist, daß sie an herrlichen tropischen Stränden liegen. Nur vier Kilometer vor der Küste liegt *Dunk Island*, ein schöner Ort für einen Ausflug; im vorgelagerten Riff kann man nach Herzenslust schnorcheln. Direkt hinter den weißen Stränden wachsen verschiedene tropische Früchte: Bananen, Ananas, PawPaws, Avocados und Mangos wachsen den Badenden schier in den Mund. Schlaraffenland? Gerne würden wir uns an diesem Ort niederlassen.

Tully, ebenfalls gerühmt für den Zukkerrohranbau, ist der niederschlagsreichste Ort der Region: Im Durchschnitt bringt man es auf 4490 mm. Das erfreut nun nicht unbedingt die Touristen, aber es garantiert die Fruchtbarkeit des Landes.

Vier Kilometer vor *Cardwell* folgen wir der Abzweigung zum *Eduard Kennedy*

National Park. Von der Staubstraße sollte sich niemand abschrecken lassen. Ein Wegweiser kündigt eine Picnic Area an (1,8 km entfernt, Fußweg); auf Holzstegen überqueren wir die Sümpfe, marschieren durch Mangrovenwälder. Achtgeben sollte man auf Krokodile, die hier in freier Wildbahn anzutreffen sind. Von der Abzweigung zur Picnic Area sind es noch eineinhalb Kilometer Staubstraße bis zum Strand. Er ist noch einsamer, noch tropischer, noch bezaubernder, wenn eine solche Steigerung möglich ist. In greifbarer Nähe liegt die Insel *Hinchinbrook* vor uns, ein Nationalpark von über 39 000 Hektar, einer der größten Inselnationalparks. Regenwaldbedeckte Vulkanberge geben der

Insel ihr charakteristisches Aussehen. Der höchste, Mt. Bowen, erreicht immerhin eine Höhe von 1095 Metern. Gerühmt werden die weiten Mangrovenwälder; sie können jedoch nur mit Führern durchstreift werden.

Cardwell ist heute ein kleines, verschlafenes Nest, kaum glaubt man, daß es im letzten Jahrhundert wichtigster und lebhaftester Hafen im Norden des Landes war. *Cardwell* ist Ausgangspunkt für die Besichtigung von *Hinchinbrook Island.* James Cook nahm übrigens an, daß die Insel zum Festland gehöre und benannte daher lediglich den Berg (Mt. Hinchinbrook). Dabei hatte er gar nicht so Unrecht, in grauer Vorzeit war die Insel mit dem Festland verbunden.

Townsville besitzt noch „viele" historische Gebäude.

107

Ähnlich wie *Innisfail* ist auch *Ingham* Zuckerrohrstadt. Ungefähr 500 Zuckerrohrfarmen gibt es rund um die Stadt; die Victoria Mill ist die größte Zuckerrohrmühle in der südlichen Hemisphäre, über 1,5 Millionen Tonnen Zuckerrohr werden je Saison in ihr verarbeitet. In *Lucinda* wird das zerhackte Zuckerrohr verladen. 5,7 km ist der Pier lang, der größte in ganz Australien. Auch auf die größte Zuckerverladestation (der Welt) ist man sichtlich stolz. Mindestens genauso stolz ist man auf den zweitgrößten Wasserfall Australiens; im *Wallaman Falls National Park* stürzt das Wasser 278 m tief in einen Canyon. Besonders eindrücklich wirkt er nach der Regenzeit, wenn der Herbert River genügend Wasser führt.

Einen Abstecher wert ist auch der *Crystal Creek – Mt. Spec National Park.* Wir erleben grandiose Regenwälder und Eukalyptuswälder, die bis zum 990 Meter hohen Mt. Spec hinaufreichen. Gut gefällt uns auch der Big Crystal Creek, dessen Wasser immer wieder natürliche Pools bildet, in denen man gemütlich baden kann.

Townsville schließlich empfinden wir als die Perle von *Queensland.* Sie ist mit 120 000 Einwohnern die zweitgrößte Stadt von *Queensland,* wovon wir jedoch kaum etwas spüren. Zunächst fahren wir über lange Ausfallstraßen, die durch die Vororte führen: Autohäuser und Supermärkte reihen sich aneinander. *Townsville* ist ein wichtiges Wirtschaftszentrum in Nordqueensland; der Tiefseehafen spielt eine große Rolle, verschiedene Industriezweige schaffen Arbeitsplätze und natürlich wird der Tourismus immer wichtiger. Alles begann mit dem Hafen: 1864 wurde Townsville gegründet. Auf Anweisung eines Kaufmanns aus Sydney, einem gewissen Robert Towns, begannen die Pioniere mit dem Ausbau des Hafens. Der Kaufmann hatte sich in der Gegend Ländereien gekauft, erkannte aber bald, daß sich das Investment erst lohnen würde, wenn es gelang, die Ergebnisse der Arbeit, insbesondere aus Viehzucht und Bergbau, in die Bevölkerungsschwerpunkte Australiens (im Süden) zu bringen. Er setzte sich also tatkräftig für den Hafen ein, die Bewohner dankten ihm mit ihrer Namenswahl. Den besten Eindruck von Townsville bekommen wir vom Castle Hill, dem Lookout mitten in der Stadt, genau 286 m hoch gelegen. Die Stadt liegt unter uns, erstreckt sich großzügig zwischen der Küste und der Great Dividing Range, hinter der das Inland beginnt. Der Boden ist fruchtbar, so daß auch in den kleinen Gärten um die schmucken Einfamilienhäuser viele Büsche und Bäume wachsen. Das Grün verleiht der Stadt einen freundlichen Charakter. Wir bummeln durch die Innenstadt. Ein Teil der Flinders Street wurde zur Fußgängerzone erhoben, The Mall: Sie besteht aus Shopping Centres und Einkaufspassagen. Selbstverständlich wachsen auch in der Fußgängerzone Bäume. Abends sitzt eine Hundertschaft von Regenbogenpapageien in diesen Bäumen und zwitschert so ausdauernd laut, daß man schier sein eigenes Wort nicht mehr versteht. Schöne alte Bauten zieren die Flinders Street jenseits der Fußgängerzone: das Rathaus und das Postamt. Und natürlich tragen noch einige Hotels und Pubs das alte Kolonialkleid. Vergriffen hat man sich dagegen nach unserem Geschmack, als man mitten im Zentrum das Townsville International Hotel erbaute, einem überdimensionalen Zuckerstreuer nicht unähnlich, der mit seinen mehr als zwanzig Stockwerken der Stadt als Wahrzeichen dient. Daneben erhebt sich ein ebenso betonkühles Parkhaus, das den Autofahrern von Townsville Parkfläche in unmittelbarer Nähe zur Mall bieten soll.

Von Mitte Oktober bis Mitte April empfiehlt es sich wegen der Stinger-Gefahr (Quallen), nicht im Meer zu baden. Wen es dennoch nach Salzwasser gelüstet, der ist im Rock-Pool von Townsville gut aufgehoben. 24 Stunden am Tag wird Salzwasser in den Pool gepumpt – natürlich ohne Stinger.

In einem modernen Gebäudekomplex, weithin sichtbar und unverwechselbar ist *The Great Barrier Reef Wonderland* untergebracht, eine touristische Attraktion: Das *Coral Reef Aquarium* führt in die Welt des Riffs ein. In einem Film und einer Ausstellung mit vielen Displays und Schaubildern wird die Lebensform der Korallen erklärt. In einen Tank mit großen Panoramascheiben ist die intakte Welt eines Korallenriffs aus dem Great Barrier Reef eingepflanzt. Es ist ein geschlossenes System, in das der Mensch nicht eingreift – mit künstlich erzeugten Gezeiten und allen Tieren, die auch draußen im Riff leben. Das System erhält sich selbst, der Mensch ist nur Beobachter durch die Glasscheiben des Tanks. Gegenüber befindet sich das *Museum of Tropical Queensland*. In ihm wird kurz, aber eindrücklich über Flora und Fauna des historischen Queensland berichtet. Wir hatten bis dahin jedenfalls nicht gewußt, daß sich hier einst Exemplare des Kronosaurus tummelten. Auch über die menschlichen Wesen der Vergangenheit, die Ureinwohner Queenslands, wird berichtet: Jirrbal people nannten sie sich. Die weißen Entdecker strande-

ten oft an den Küsten: Von vielen Wracks wird berichtet, heute noch für Taucher ein beliebter Tummelplatz. Aller guter Attraktionen sind drei: Das *Omnimax Theatre* zeigt die Welt des Great Barrier Reef in einer Art 360 Grad Kino, bietet dem Zuschauer eine beeindruckende Show des Lebens im Great Barrier Reef.

Wir kämpften uns an einem Vormittag durch dieses interessante Mammutprogramm und suchten für den Nachmittag dringend einen Ausgleich. Was ist hier besser geeignet als ein Besuch auf *Magnetic Island*, einer tropischen Trauminsel, die nur acht Kilometer vor Townsville im Meer liegt. Ein Katamaranboot brachte uns in rasanter Fahrt in 20 Minuten auf die paradiesische Insel. Eigentlich wollten wir uns die Insel genau ansehen. Man kann dies entweder mit dem öffentlichen Bus machen oder man mietet sich ein Moke, ein viersitziges Miniauto mit Rasenmähermotor. Viele Straßen gibt es ohnehin nicht. Wir hätten zur Radical Bay fahren können, wo man gut schnorcheln kann. An der Horseshoe Bay soll der Strand noch schöner sein als anderswo,

Townsville, Blick vom Lookout

109

was wir uns aber kaum vorstellen können. Nahe der Horseshoe Bay befindet sich die Koala Park Oasis, das größte Koalareservat von Nordqueensland. Dies hätte uns schon gereizt, denn sie sind in der freien Wildbahn nur selten zu entdecken. Koalas schlafen gewöhnlich 16 bis 20 Stunden, den Rest der Zeit verbringen sie mit Essen und Spielen. Nur im Koala Park kann man daher sicher sein, ein ausgeschlafenes Koala zu finden.

Sobald wir die Shopping Mall von Picnic Bay verlassen hatten, umfing uns wohltuende Einsamkeit. Wir liefen an ausladenden Mangroven vorbei, erklommen den Hawkings Point (600 m) und genossen den herrlichen weiten Ausblick. Dort unten liegt zwischen Felsen ein Sandstrand, die Rocky Bay, dahinter erstrecken sich Eukalyptus-

Verträumter Strand auf Magnetic Island

Magnetic Island

wälder. Bei diesem Anblick gaben wir jeden Gedanken an Besichtigung auf, ließen uns auf dem weichen weißen Sand an der Rocky Bay nieder und genossen Strand, Sonne und Meer.

Den Namen Magnetic Island erhielt die Insel übrigens von James Cook höchst persönlich, der in diesen Gewässern einen sonderbaren Kompaßausschlag feststellte. Er konnte ihn sich nur damit erklären, daß die Insel magnetisch geladen sei. Die Annahme erwies sich als falsch, lediglich der Kompaß hatte seinen Geist aufgegeben.

Von *Townsville* windet sich die Straße in südlicher Richtung zwischen Küste und den Gebirgsausläufern des Hinterlands dahin. Die Regenwälder reichen vom Gebirge bis herunter in die Küstenebene. Um *Ayr* wächst wieder Zuckerrohr, bald darauf ist es aus mit

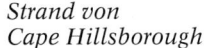

Strand von
Cape Hillsborough

Mackay,
die grüne Stadt

dem fruchtbaren, landwirtschaftlich nutzbaren Boden. Die Straße führt durch weitgehend graues Buschland. Hier ist aber immer noch Viehzucht zuhause; wir wundern uns, was die Tiere auf den abgegrasten Weideflächen noch zu fressen finden.

In *Bowen* beginnt das Gebiet der *Whitsundays*, eine Bilderbuchlandschaft mit über 70 grünen Inseln, weißen Stränden und azurblauem Meer, ein Traum nicht nur für jeden Segelfreak. *Bowen* selbst ist auffallend weitläufig geplant, viel zu groß erscheinen die Dimensionen von Straßen und Grundstücken. Vielleicht stammt die Großzügigkeit noch aus den ersten Siedlertagen, als man hoffte, Hauptort von Northern Queensland zu werden. Die Hoffnung realisierte sich nicht, Hauptort wurde man nur in Bezug auf Tomaten- und Mangoplantagen. Uns beeindrucken aber nicht so sehr die Tomaten (diese ließen wir uns nur schmecken), sondern die wunderschönen Strände. Im Norden an der Queens Beach befinden sich die meisten Campingplätze. Das Ende der Straße bildet die Horseshoe Bay, ein malerischer, von Felsen eingerahmter kleiner Sandstrand. Auf dem

höchsten Felsen hat der Rotary Club zu Recht einen Lookout eingerichtet. Wir genießen den herrlichen Ausblick. *Proserpine*, der Hauptort der Region, liegt etwas im Hinterland. Die kleine Industriestadt muß man nicht unbedingt gesehen haben. Wir biegen schon vorher nach *Airlie Beach* und *Shutehaven* ab. Dort befinden wir uns im Zentrum der Whitsundays (natürlich ein Nationalpark). Von *Shutehaven* starten die Kreuzfahrtschiffe in die Inselwelt und die Ausflugsboote zum Riff.

Die *Whitsundays* sind ein ElDorado von grünen, mit Regenwald bedeckten Inseln, insgesamt 74 an der Zahl. Unberührte Sandstrände bilden einen Kontrast zum blauen, glasklaren Meer. Das ist eine Landschaft, wie sie von den Göttern bevorzugt wird. Natürlich wird sie auch von den Menschen bevorzugt. Der Hauptort *Airlie Beach* ist touristisch vermarktet und nur für den interessant, der einen Segeltörn oder eine Rundfahrt durch die Inselwelt unternehmen will. Angebote vielfältigster Art lassen die Wahl schwer fallen.

Der Bruce Hwy. führt nach *Mackay*. 48 km vor der Stadt biegen wir nach *Seaforth* ab, einem kleinen Ort mit großem

Gesamt 1105 km; sechs Tagesetappen
22. Tag: Mossman/Port Douglas bis Cairns: 76 km
23. Tag: Besichtigung des Great Barrier Reef
24. Tag: Ausflug nach Kuranda und ins Atherton Tableland: 250 km
25. Tag: Cairns bis Townsville: 374 km
26. Tag: Townsville und Magnetic Island
27. Tag: Townsville bis Mackay: 405 km
(ohne Abstecher)

22. Tag:
Highlights:
● *Port Douglas (Stadt, Marina Mirage, Strände, Lookout)*
Camping, Port Douglas:
Four Miles Beach Caravan Park, Reef Street, Tel.: 070/985281
ein wunderbarer Campingplatz, direkt am Meer gelegen; hat nur einen Nachteil: caution, falling coconuts.
23. Tag:
Highlights:
● *Hartley's Creek Crocodile Farm*
● *Cairns (Stadt, Hafen)*
● *Fahrt zum Great Barrier Reef*
Camping, Cairns:
Bester Campingplatz in Cairns ist:
Coles Villa Caravan Park, 28 Pease Street, Tel.: 070/537133
Der Campingplatz liegt zwar nicht direkt am Strand – was in Queensland gar nicht so notwendig zu sein scheint (Stinger-Gefahr) – aber er verfügt über zwei Salzwasserpools. Auch ansonsten: Es ist ein Campingplatz der rundum vorzüglich ist.
24. Tag:
Highlights:
● *Kuranda (Bahnhof, Goondoo Street, Australian Butterfly Sanctuary, Tjapukai Dance Theatre)*
● *Atherton Tableland (Tabak- und Erdnußplantagen, Tinburra Waters, Lake Eacham, Lake Barrine, Curtain Fig Tree, Cathedral Fig Tree)*
25. Tag:
Highlights:

● *Innisfail (Zuckerrohrplantagen)*
● *Abstecher Mission Beach (Cassowaries National Park, Strände, Bananenplantagen)*
● *Tully (Zuckerrohrplantagen)*
● *Abstecher Eduard Kennedy National Park*
● *Ingham (Zuckerrohrplantagen)*
● *Abstecher Crystal Creek – Mt. Spec National Park*
Camping, Townsville:
Sun City Caravan Park, 119 Bowen Road, Tel.: 077/757733, in Stadtnähe gelegener komfortabler Campingplatz
Rowes Bay Caravan Park, Heatley's Pde, Rowes Bay, Tel.: 077/713576
ungefähr drei Kilometer außerhalb der Stadt, nur durch die Straße vom Meer getrennt, sehr empfehlenswert
26. Tag:
Highlights:
● *Townsville (Stadt, The Mall, Flinders Street)*
● *The Great Barrier Reef Wonderland (Coral Reef Aquarium, Museum of Tropical Queensland, Omnimax Theatre)*
● *Magnetic Island (Picnic Bay, Hawkings Point, Rocky Bay, Radical Bay, Horseshoe Bay, Koala Park Oasis)*
Camping, Bowens:
Es gibt an den Stränden Bowens viele Campingplätze, die im Niveau durchaus ähnlich sind. Eine absolute Empfehlung kann daher nicht ausgesprochen werden.
Wangaratta Caravan Park, Golf Links Rd., Queens Beach, Bowen, Tel.: 077/851152
27. Tag:
Highlights:
● *Airlie Beach, Shutehaven (Whitsundays: Inseln, Strände)*
● *Abstecher Cape Hillsborough National Park*
● *Mackay (Stadt)*
● *Abstecher Eungella National Park*
Camping, Cape Hillsborough:
Cape Hillsborough Tourist Park, Tel.: 079/590152
Der Caravanplatz liegt genau am Meer; Wallabies und Buschhühner sind Campnachbarn.
Camping, Mackay:
Beach Caravan Park, Petrie Street, Tel.: 079/574021

Strand, noch nicht vom Tourismus eingeholt, eher ein Ort zum Erholen und Genießen. Hibiscus Coast heißt die Küste bis *Mackay*. Wie der Name verspricht findet man in allen Gärten Hibiscusbüsche. Besonders schön empfinden wir die Landschaft im Nationalpark von *Cape Hillsborough*. Wallabies und Buschhühner grasen frei und ungeniert. Auch andere Tiere wie Dingos, Känguruhs und viele verschiedene Vogelarten leben in dem Park. Der Strand gehörte uns allein (bis auf die Buschhühner, die uns bis zum Strand neugierig begleiteten). Motto des Nationalparks: Take nothing but photographs; leave nothing but footprints.

Mackay hat 50 000 Einwohner, von denen anscheinend jeder ein eigenes Einfamilienhaus bewohnt. Am Hafen geht es geschäftig her; er ist ein wichtiger Umschlagplatz von Südqueensland. Um *Mackay* wächst Zuckerrohr; 50 km südlich von *Mackay* endet der Zuckerrohranbau fast abrupt. *Mackay* selbst besitzt keine sonderlich attraktiven Strände, aber außerhalb der Stadt wird man reichlich entschädigt. Im Norden befindet sich der markante Dolphin Heads, ein Felsen, fantasievoll benannt nach seinem Aussehen. Von dort soll man übrigens Delphine und Wale beobachten können, die bis nahe an die Stadt heranschwimmen. Wir haben keine gesehen.

Wer genug Zuckerrohrland erblickt hat und im Sommer auch baden möchte (an den Stränden lauern die Jellyfish-Quallen), begibt sich in die Regenwaldvegetation des *Eungella* Nationalparks, westlich von *Mackay*. Inmitten der herrlichen tropischen Vegetation des Parks laden im Verlauf des Broken River immer wieder abgeschiedene Wasserlöcher (waterholes) zum Baden ein.

Shutehaven ist Ausgangspunkt für den Segeltörn durch die Whitsundays.

Aus einer Werbebroschüre: „Hat man das Great Barrier Reef nicht gesehen, hat man Australien nicht gesehen!" Dieser Satz ist nicht übertrieben. Auch wir sind auf das höchste gespannt und besteigen in Cairns eines der schnittigen Katamaranboote, die einen in Windeseile hinaus ins Great Barrier Reef bringen. Zwei Stunden dauert die

Das Great Barrier Reef

Schnellbootfahrt durch bewegte See bis zum Outer Barrier Reef. Aufmerksame Stewardessen reichen rechtzeitig die kleinen Tüten, die manchem Erleichterung verschaffen. Die See beruhigt sich, als wir im Riffgebiet ankommen; die Wellen brechen sich weiter draußen. Zunächst legt das Schnellboot an einem verankerten Ponton an, die Besucher besteigen ein Glasbodenboot und sind ohne Übergang in der zauberhaften Unterwasserwelt der Korallenriffe. Die staunende Überraschung merkt man den Menschen sichtlich an. Auch wir sind von dem Anblick fasziniert. Noch beeindruckender zeigt sich das Leben unter Wasser im „Halbunterseeboot", dessen Rumpf verglast ist. Die Besucher sitzen „unter Wasser" und beobachten die draußen neugierig vorbeischwimmenden Fische. Die Korallenriffe wirken auf uns wie ein grandioses Naturschauspiel, das man eigentlich gar nicht fassen kann. Als wir aber dann selbst, mit Taucherbrille und Schnorchel versehen, ins warme Wasser steigen, nehmen wir erst richtig Kontakt mit dieser Wunderwelt auf.

Wir haben viel vom Great Barrier Reef gelesen, wir haben eigentlich auch schon alles in Townsville gesehen, aber dieses direkte, unmittelbare Erleben ist unbeschreibbar. Sobald wir ins Wasser steigen, stoßen wir die Türe zu einer anderen Welt auf. Korallen in verschiedensten Formen und allen Farben von blau-grün, etwas weiter entfernt, bis orange-gelb, direkt unter der Wasseroberfläche, wo die Sonnenstrahlen noch Kraft haben, breiten sich unter uns aus. Fische schwimmen zwischen ihnen herum, sorglos, mit den Fingern kann man sie sogar vorsichtig berühren. Wir tauchen ein in diese Welt, schwimmen in uns versunken durch die Korallen, fühlen uns fast selbst wie einer dieser bunten Fische. Dieses Erlebnis ist tatsächlich ein absoluter Höhepunkt. Alles Gelesene und Geschriebene stimmt und kann gleichzeitig das Erlebte nicht erfassen. Wir vergessen in

Im Unterseeboot erschließen sich die Schönheiten der Korallenwelt

Farbenprächtige Korallenriffs

unserer Begeisterung sogar das opulente Seafood Buffet, das mit Hummer und Krabben nicht geizt.

Auf der Rückfahrt besuchen wir noch Green Island, eine Koralleninsel, die im Laufe der Jahrtausende Pflanzenvegetation angesetzt hat. Sie ist nicht groß; in einer halben Stunden haben wir sie durchstreift. Dann liegen wir am Bilderbuchstrand in der Sonne und schwelgen in den Erlebnissen des Tages.

Wissenschaftler meinen, daß die Bildung des Barrier Reef vor ungefähr 18 Millionen Jahren begann. Damals „driftete" Australien in wärmere Gewässer. Vor ungefähr 8000 bis 6000 Jahren begann der Aufbau der heutigen Rifformation. Jedes Riff besteht aus Millionen kleiner Korallenpolypen (nur wenige Millimeter große Winzlinge mit wässrigem, sackartigen Körper und großem Mund, umgeben von einem Kranz von Fangarmen), die Plankton als Nahrung aufnehmen und sich mit ihren Kalkausscheidungen ummanteln. So entstanden im Laufe von Jahrtausenden Korallengebilde, die immer weiter wachsen. 2600 Einzelriffe hat man gezählt und

69 bewachsene Koralleninseln. Der äußere Gürtel des Riffs, das „Outer Reef" erstreckt sich vom Cape York bis Makkay. Abschnitte dieses Riffs erklärte man zum Marine Park; seither stehen sie unter Naturschutz.

Hinweis:

Fahrten ins Outer Barrier Reef kann man in Port Douglas, Cairns, Mission Beach, Townsville und Mackay beginnen. Die Routen sind unterschiedlich. Im Norden ist das Riff von größter Schönheit und Vielfalt. Deshalb haben auch die von Port Douglas und Cairns angebotenen Touren den besten Ruf. Folgende Gesellschaften bieten Riff-Ausflüge an:

Quick Cat, Tel.: 070/687289
Abfahrt von Mission Beach, mit Zubringer von Cairns
Besuch der Koralleninsel Dunk Island und des Beaver Reefs

Quicksilver, Tel.: 070/518311
Abfahrt von Port Douglas, mit Zubringer von Cairns
Besuch der Koralleninsel Low Isle und des Agincourt Reefs

Great Adventurers, Tel.: 070/510455
Abfahrt von Cairns
Besuch der Koralleninsel Green Island und des Norman Reefs

Auf der Fahrt nach Süden erreichen wir kurz nach *Mackay Sarina*. 1866 kam Edmund Atherton als erster Weißer in dieses Gebiet. Ein Gedenkstein erinnert an ihn; seinen Namen hinterließ er etwas weiter nördlich im bereits durchfahrenen Atherton Tableland. Die erste Alkoholdestillerie entstand vor mehr als 60 Jahren in *Sarina*. Seit dieser Zeit

Südliches Queensland

Von Mackay bis Brisbane

Die Mall von Rockhampton

Nach englischer Tradition tragen die Schülerinnen Schuluniform.

Viele historische Gebäude stehen am Fitzroy River.

stellt man Industriealkohol her. Wir biegen zu den Stränden hin ab, nicht weil wir diese besuchen wollen (sie sind so großartig wie alle Strände hier), sondern weil wir „tiger prawns" kaufen wollen. Auf dem Weg zur Sarina Beach liegt linker Hand die „Prawn Farm" (ausgeschildert ist Campwin Beach). Die Australier sind keine großen Fischfreunde, und das Angebot an Fisch in den Supermärkten ist kläglich, gemessen an der vorzüglichen Auswahl an Fleisch. Krebse, Hummer und Krabben akzeptieren aber auch die Australier, zumindest als Vorspeise. Die Meerestiere werden in den Küstengewässern gezüchtet. Die köstlichsten „tiger prawns" in ganz Australien fanden wir auf der Campwin Beach Prawn Farm. Unser Tip: Auf keinen Fall versäumen. Kommt man am Wochenende, so wird man sogar zu einer Besichtigungstour mitgenommen und eingeführt in die Kunst der Krabbenzucht.
Die Werbetexter der Reiseprospekte

streiten sich, wo die Tropen beginnen, bei *Mackay* oder bei *Rockhampton* am Wendekreis des Steinbocks (Tropic of Capricorn). Die 349 km Fahrstrecke zwischen *Mackay* und *Rockhampton* ist jedenfalls ohne Highlights, so eilen wir, sie hinter uns zu bringen. Zur Küste darf man ohnehin nicht abzweigen; im militärischen Sperrgebiet übt das australische Heer Verteidigung. Die Landschaft ist flach und eintönig; dürre Weiden mit Eukalyptusbäumen, auf denen große Rinderherden grasen, be-

stimmen das Bild. Ein überlebensgroßes Rind am Ortseingang von *Rockhampton* kündigt die Fleischhochburg Australiens an. In Rockhampton wird mehr Rindfleisch als anderswo in Australien verarbeitet und auch gegessen; es ist von besonders gerühmter Qualität. Zwei Rindersorten gibt es: Das Brahman-Rind ist weiß, das Braford-Rind braun-weiß. Spezialisten behaupten, daß sie auch Unterschiede im Geschmack feststellen.

In den 50er Jahren des 19. Jahrhun-

Die Capricorn-Küste im Sonnenuntergang

119

derts wurde die Stadt Rockhampton von Charles und William Archer an den Ufern des Fitzroy River gegründet. Vom Wohlstand der Gründerzeit zeugen in der Stadt noch einige Gebäude in der Innenstadt. Wir spazieren durch die lebendige, farbenprächtige Mall (die blühenden Bougainvilleas ergänzen die farbenfrohen Fassaden der stilvollen Häuser), anschließend laufen wir am Fitzroy River entlang zurück. Auf dem Fluß tümpeln eine ganze Reihe von Hausbooten gemütlich und beschaulich. Hat man Zeit, empfiehlt sich ein Besuch im Botanischen Garten (er liegt im Norden der Stadt), der als einer der schönsten tropischen Blumengärten Australiens gilt. Integriert ist ein kleiner Koalapark, wo die Besucher zu bestimmten Zeiten die Koalas liebkosen dürfen. Ebenfalls im Norden, vor den Toren der Stadt befindet sich das Dreamtime Cultural Centre, eine Mischung aus Museum und Workshop, das Aborigines-Kultur vermitteln will. Kunstgegenstände und Arbeitsgeräte werden gezeigt und im Gebrauch erklärt. Man kann lernen, wie man einen Bumerang wirft, damit dieser auch tatsächlich zurückkommt. Das Cultural Centre wird kontrovers bewertet. Die einen meinen, es sei der verharmlosende Versuch einer Wiedergutmachung. Die anderen glauben, daß dies ein gelungener (wenn auch später) Versuch sei, zwei Kulturen einander näher zu bringen.

„Jüngere" Geschichte erleben können wir im Gangalook Heritage Village. Aus den Pioniertagen Australiens wurden Häuser mit ihrer originalgetreuen Einrichtung aufgebaut. In den alten Handwerksbetrieben wird noch auf überlieferte Art gearbeitet, natürlich in originalgetreuen Kleidungsstücken; so kann man bei der Schafschur zusehen und insbesondere Kinder können mit der Postkutsche durch den Ort fahren.

Von Rockhampton folgen wir dem „scenic drive" (95 km) zur Capricorn Coast. *Yeppon* und *Emu Park* sind Orte, die touristisch weitgehend erschlossen, damit aber auch reichlich überlaufen sind. An der betörenden Schönheit auch dieser Strände ändert das natürlich nichts. Vor der Küste liegen die Keppel Islands, auf die sich diejenigen zurückziehen, denen es am Strand zu laut und hektisch geworden ist.

An dieser Küste sind die Lorris, genauer gesagt, die Rainbow Lorikeets, kleine Papageienvögel zuhause. Sie sind nicht zu überhören. In Scharen sitzen sie in den Bäumen der Caravanplätze und vollführen einen Heidenlärm.

Bei *Emu Park* steht auf einem Lookout das Singing Ship, ein harfenähnliches Monument, das an die Landung von James Cook erinnert und dessen stählerne Saiten im Wind klingen.

Das Hinterland von *Rockhampton* lockt vor allem die Schatzsucher. Da ist das Goldnest *Mount Morgan* mit einst reichen Goldvorkommen. Die Schürfer hinterließen ihre Spuren in den Straßen der Stadt. Die alte Mine kann noch besichtigt werden. Von einem Lookout (Queensstreet) hat man einen schönen Blick über die ganze Stadt und die Minenanlagen. Wer schließlich keine Hoffnung mehr auf einen Goldfund hegt, kann eine Bumerangfabrik besichtigen, und einen solchen erstehen; der jedenfalls kommt (immer wieder) zu einem zurück.

In *Mount Hay*, gar nicht weit entfernt, ist die Suche nach Edelsteinen angesagt: Im Gemstone Tourist Park kann jeder graben und wenn er Glück hat, auch finden.

400 Kilometer fahren wir nach Süden durch wenig abwechslungsreiches Gebiet: weite Graslandschaft mit Eukalyptusbäumen. Die Straße verläuft manchmal flach durch das Land, manchmal paßt sie sich den Hügeln nahtlos an.

Gladstone hat seine Bevölkerung in den letzten zwei Jahrzehnten verdreifacht. Verschiedene Industrien haben sich angesiedelt, der Verladehafen wurde ausgebaut. Wichtig ist die Kohleindustrie im Hinterland. Eine Aluminiumschmelze bietet ebenfalls Arbeitsplätze.

Von *Miriam Vale* führt eine Abzweigung nach Seventeen Seventy, einem einsamen Punkt an der Küste, wo James Cook das erste Mal, nämlich 1770, in Queensland gelandet ist.

Bei *Gin-Gin*, einem Agrarzentrum, ergibt sich nochmals die Gelegenheit an die Küste zu fahren. Dort liegt *Bundaberg*, die Rumstadt Australiens. In ihr dampft die wichtigste Rumdestillerie (die besichtigt werden kann); sie produziert aus Zuckerrohr Hochprozentiges.

Nach *Howard* folgen wir der Abzweigung nach *Hervey Bay*, dem Ausgangspunkt für das Abenteuer auf *Fraser Island*. In *Hervey Bay* können wir uns ein vierradangetriebenes Fahrzeug mieten, gleich inklusive der Genehmigung, auf *Fraser Island* damit zu fahren. Wir setzen mit der Fähre über und fahren mit dem geländegängigen Fahrzeug auf Sandpisten durch niedrige Buschvegetation und am Strand entlang. Faszinierend sind die kleinen versteckten Süßwassserseen mit glasklarem Wasser.

Maryborough liegt am Mary River, eine grüne Stadt mit vielen Parkanlagen, im Zentrum befinden sich noch einige Kolonialbauten aus dem 19. Jahrhundert.

Die Straße führt am Mary River entlang, der träge dahin fließt.

Gympie ist eine alte Goldgräberstadt. Von der einstigen Bedeutung ist nicht mehr viel übrig geblieben. Als 1867 der Staat Queensland so gut wie pleite war, füllte das Gold aus *Gympie* wieder die Staatskasse.

Bei *Cooroy* biegen wir an die Küste ab. *Tewantin* und *Noosa Heads*, zwei nunmehr zusammengebaute Orte, sind der Mittelpunkt der Sunshine Coast. Da tümpeln in den Lagunen kleine Hausboote herum. Mit ihnen kann man auf dem Noosa River flußaufwärts zum *Lake Cootharaba* fahren und dort die Sumpflandschaft und Mangrovenwälder der Everglades erkunden. (Halbtagesausflüge werden veranstaltet.) Auch über die Straße kann man den *Lake Cootharaba* erreichen. An seinem Ufer windet sich eine Straße mit netten Holzhäusern entlang. Sie nennt sich „Morning Glory Drive". Auf diejenigen, die in dieser Straße mit dem romantisch klingenden Namen nicht leben, wartet ein Picknickplatz mit Barbequeeinrichtung.

Noosa ist übrigens ein Name aus dem Wortschatz der Ureinwohner. Er bedeutet soviel wie „the perfect place". Das stimmt noch immer. Noosa Main Beach, Alexandria Beach und schließlich Sunshine Beach sind perfekte Strände. Das kann man insbesondere gut verstehen, wenn man zum Laguna Lookout hochfährt, am Ende von *Noosa Heads* gelegen, und hinunterschaut. Viele fanden die Lage des Ortes „perfekt", so ist Noosa mittlerweile ein Touristenzentrum geworden. Sein Erscheinungsbild ist geprägt von Hotelbauten und Ferienhäuschen. In den Boutiquen und Restaurants wartet man auf betuchte Besucher, in den Straßen

Haus in Maryborough

joggen Damen und Herren reiferen Alters. Also doch nicht mehr ganz perfekt? Unsere Vorbehalte gelten nun aber für die gesamte Küste. Die Schönheit von Strand, Sand und Sonne genügt den australischen Urlaubern nicht. Zerstreuung ist angesagt. Man bietet viel, auch Unsinniges, so daß der Besucher kaum zum Nachdenken kommt. Super Bee und Super Fun in der Honey Factory: Gärten, Wege durch den Regenwald und Waterholes, Lagunen, Ponyreiten, Hamburgeressen und Aufklärung über das Leben der Bienen; Sunshine Plantation und Big Pineapple: die größte Ananas der Welt, die Fahrt mit einem futuristischen Bähnchen durch die Ananasplantage, natürlich mit Fastfood-Restaurants, Streichelzoo und Aufklärung über das Wachsen und Gedeihen von Ananas; Gingertown: Gar-

tenanlagen, Kinderspielplätze, Familienrestaurant, die Fahrt auf einem nachgebauten historischen Dampfer und Aufklärung über Wachsen und Gedeihen von Ingwer. Jede einzelne dieser Anlagen mag erzieherisch wertvoll, interessant und wichtig sein, in ihrer Gesamtheit jedoch werden sie zum Alptraum. Zentrum dieser Superlativen an Freizeitgestaltung ist *Nambour*, einstmals eine Zuckerstadt, heute längst zum Touristenort mutiert. Da zweigen wir aufatmend vom Bruce Hwy. ab und folgen dem Glass House Mountains Tourist Drive. Zwar ist auch das Gebiet der *Glass House Mountains* Touristenland, aber nicht ganz so aufdringlich-aggressiv. Vor langer Zeit blickte Tibrogargan, der Gottvater, auf das Meer hinaus und sah eine Flutwelle heranrollen. Er bemühte sich, Kinder und Frau zu sammeln und zu fliehen. Er befahl Coonowrin, seinem ältesten Sohn, seiner Frau Beerwah zu helfen. Aber dieser floh bereits, ohne sich um die Seinen zu kümmern. Der Vater schleuderte ihm voller Zorn seinen Stab nach, und traf ihn im Nacken. Die Flut konnte den Göttern natürlich nichts anhaben, die Götter aber erstarrten zu Stein und Fels, zu den eben genannten Glass House Mountains: Mt. Tibrogargan, Mt. Beerwah, Mt. Coonowirn und auch die anderen sind steingewordene Zeugen der Götterfamilie. Mt. Coonowrin erkennt man am gebückten Nacken, schmerzhaft getroffen vom Stab des Göttervaters. Den schönsten Blick über die steinernen Götter hat man vom Lookout aus, ausgeschildert, und gut zu finden.

Die *Glass House Mountains* liegen nur einen „Katzensprung" von *Brisbane* entfernt. Der Bruce Hwy. führt uns direkt ins Zentrum.

Noosa Heads:
Blick vom Lookout

Gesamt: 1031 km; 3 Tagesetappen
28. Tag: Mackay bis Rockhampton: 349 km
29. Tag: Rockhampton bis Noosa Heads: 560 km
30. Tag: Noosa Heads bis Brisbane: 122 km
(ohne Abstecher)

28. Tag:
Highlights:
● *Sarina (Strände)*
● *Rockhampton (Stadt, The Mall, Fitzroy River)*
● *Dreamtime Cultural Centre*
● *Gangalook Heritage Village*
● *Capricorn Coast*
Camping, Rockhampton:
Municipal Riverside Caravan Park, Reaney Street,
North Rockhampton, Tel.: 079/223779
ein sehr zentral gelegener Platz, wie man ihn in
australischen Städten selten findet; man kann abends
sogar einen Spaziergang in die Stadt unternehmen.
Camping, Capricorn Coast:
Cool Waters Holiday Village, Scenic Highway, Kinka
Beach, Tel.: 079/396102

Der Campingplatz liegt zwischen Lagune und Meer. Bei
Ebbe kann man kaum im Meer baden, weil es sehr weit
zurückweicht.
29. Tag:
Highlights:
● *Fraser Island*
● *Tewantin, Noosa Heads (Sunshine Coast, Lookout)*
● *Lake Cootharaba (Mangrovenwälder)*
Camping, Tewantin, Noosa Heads:
Will man am nächsten Tag einen Abstecher nach Lake
Cootharaba unternehmen, bietet sich an:
Noosa Tewantin Caravan Park, Moorindil Street, Tel.:
071/498060
In der Stadt selbst empfiehlt sich:
Noosa River Caravan Park, Robert Street, Tel.:
074/498950
Für den, der direkt an der Küste übernachten möchte, ist
ideal:
Sunrise Holiday Village, David Low Way, Tel.:
074/473294
30. Tag:
Highlights:
● *Glass House Mountains*

Image prägt eine Stadt, auch dann, wenn die Bewohner es nicht unbedingt lieben. Mit seinem Image hat Brisbane seit 1824 Probleme, als John Oxley mit einem Kontingent Gefangener in der Nähe der roten Felsen von Redcliffe Point landete. Die sonst so friedlichen Eingeborenen empfingen die Pioniere ausnahmsweise einmal nicht friedlich,

Brisbane, liebenswerte Hauptstadt Queenslands

sie setzten den weißen Eindringlingen so sehr zu, daß diese nach drei Monaten entnervt ihre Zelte wieder abbrachen und weiter südlich einen neuen Siedlungsversuch unternahmen, dieses Mal erfolgreich; es war die Geburtsstunde von Brisbane. Obwohl der Ort beträchtlich wuchs, blieb Brisbane, sehr zum Leidwesen seiner Einwohner, zweite Wahl, ein etwas groß geratenes Provinznest, eine „cattle town", wie sich die Australier auszudrücken pflegen. Daran änderte sich auch nichts, als sich 1859 Queensland für selbständig erklärte und Brisbane seine Hauptstadt wurde. Selbst als die Stadt in den nächsten 100 Jahren auf 1,2 Millionen Einwohner anwuchs, eine Fläche von 1220 qkm mit netten Häuschen und kleinen Industriebetrieben einnahm, sich von der Moreton Bay bis zu der D'Aguilar Range erstreckte, blieb sie die „cattle town". Erst in den 1960er Jahren entdeckten die ersten internationalen Unternehmen die Provinzhauptstadt und richteten Niederlassungen ein. Geschickt verstand es der Stadtrat, 1982 die Commonwealth Spiele auszurichten und 1988 die World Expo zu veranstalten. Auch als Austragungsort für die Olympischen Spiele 1992 bewarb sich Brisbane, wenngleich erfolglos. Im Stadtzentrum stehen heute neue Bürohochhäuser, sie bilden das urbane Zentrum. Dort zogen Wirtschaft und Kultur ein. Langsam, aber planvoll hatte man das Image erneuert: Heute ist Brisbane drittgrößte Stadt Australiens, selbstbewußte Hauptstadt von Queensland, Wirtschafts- und Tourismuszentrum. Man ahnt etwas davon, wenn man vom Lookout auf dem Mt. Coot-tha die Stadt überblickt. Der Brisbane River schlängelt sich wie ein breites Silberband durch die Stadt. Die beeindruckende Wolkenkratzerskyline im Flußdreieck bestimmt das Bild. In der Ferne schimmert das Meer zu uns herüber. Klima, Lage, Stadt werden immer mehr zum beliebten harmonischen Dreiklang, dessen Ruf viele Australier gerne folgen.

Glass House Mountains, beliebtes Ausflugsziel kurz vor Brisbane

Auf dem Mt. Coot-tha zieht der neue Botanische Garten sonntags viele Einheimische an – neu, weil man auch in Brisbane gerne auf Größe wert legt. Der alte, zu klein geratene Botanische Garten befindet sich mitten im Zentrum, in der downtown-Flußschleife, gegenüber den steil aufragenden Sandsteinfelsen von Kangaroo Point. Der „alte" Garten ist öffentlich zugänglich, ein Refugium, in das sich die Angestellten aus den Bürohochhaustürmen flüchten, um ungestört ihre Mittagspause zu verbringen. An den Wochenenden geht es auf seinen Wiesen eher ruhig zu. Vom alten Botanischen Garten aus kann man am besten die Innenstadt besichtigen: Man erreicht in unmittelbarer Nähe einige historische Bauten wie das Parliament House (1868 im französischen Renaissancestil erbaut) oder die Brisbane City Hall am King George Square (1930 fertiggestellt). Mit dem 91 Meter hohen Glockenturm war sie damals das höchste Gebäude der Stadt. Heute überragen die Hochhäuser den Glockenturm „haushoch". Von der „urbanen" Innenstadt Brisbanes darf man indes nicht zuviel erwarten; irgendwie errinnert sie doch noch an das ehemalige Provinznest. In zwei Stunden haben wir das Viertel zwischen George Street und Edward Street ausreichend kennengelernt. Die meiste Zeit davon bummeln wir durch die Mall (Queen Street), die man dem Trend der Zeit fol-

Skyline von Brisbane

125

gend in eine Fußgängerzone umgestaltet hat. In ihr kann man gemütlich einkaufen und gepflegt essen gehen.

Empfehlenswert ist ein Besuch des Lone Pine Sanctuary, südwestlich der City in einer Schleife des Brisbane River gelegen. Känguruhs, Emus, Schlangen, Kakadus kann man auch in anderen zoologischen Gärten oder Wildlife Parks in attraktiverer Umgebung beobachten. Aber soviele Koalas wie das Lone Pine Sanctuary hat kein anderer Zoo. Hier werden die Koalas nicht nur gehalten, sondern auch gezüchtet und alle heimatlosen Koalas (die zum Beispiel beim Straßenbau ihre geliebten Eukalyptusbäume verlieren) aufgenommen. Als Tourist hat man kaum die Möglichkeit, die scheuen Koalas, die tagsüber in den höchsten Wipfeln der Eukalyptusbäume friedlich schlummern, in freier Wildbahn zu entdecken. Im Lone Pine Sanctuary kann man viele Koalas beim täglichen Schönheitsschlaf bewundern und sie sind wirklich so kuschelig, wie sie auf Bildern auch immer aussehen. Wer will, kann ein (gewecktes) Koala auf den Arm nehmen, es streicheln und sich mit ihm fotografieren lassen. Kinder und japanische Touristen veranlaßt dies regelmäßig zu Freudentänzen.

Im Australian Woolshed, 14 km westlich der City, bekommt derjenige, der nicht die Gelegenheit hatte, im Outback eine Schaffarm „life" zu besichtigen, einen guten Einblick in die Schafzucht. Vielleicht ist alles ein bißchen zu touristisch gestaltet, aber es entspricht eben dem Geschmack der australischen Kundschaft, und wem das Show-Schaf-Wettscheren nicht gefällt, der kann sich während dieser Zeit mit anderen Dingen beschäftigen.

In Brisbane wird die Freizeit ernst ge-

Koala im Lone Pine Sanctuary

Skyline von Brisbane; Ausflugsboot auf dem Brisbane River

Kinder und Japaner lassen sich gerne mit einem Koala auf dem Arm abbilden.

nommen. Kaum einer lebt hier, um zu arbeiten, alle arbeiten höchstens, um zu leben. Grund dafür ist sicherlich die herrliche Umgebung. Im Mündungstrichter des Brisbane River, direkt vor Brisbanes Haustüre liegt St. Helena Island. Das Inselchen wurde 1860 von Strafgefangenen ursprünglich als Quarantänestation ausgebaut. Noch während des Baus änderte man jedoch die Pläne und die Arbeiter stellten mit Verwunderung fest, daß sie an ihrer eigenen Unterkunft schafften, es wurde eine berüchtigte Gefängnisinsel. Heute leben dort keine Strafgefangenen mehr, sie ist zum Nationalpark erklärt und erfreut die „Freizeitler". Noch beliebter allerdings ist Moreton Island. Jedes Wochenende zieht es die Brisbaner mit

*Die Skyline von
Surfers Paradise*

---

30. Tag: Besichtigung von Brisbane

30. Tag:
Highlights:
● *Lone Pine Sanctuary*
● *Mt. Coot-tha Lookout*
● *Botanischer Garten*
● *City*
Camping:
Die Campingplätze liegen über 20 km außerhalb der Innenstadt. Die Verkehrsanbindung mit öffentlichen Nahverkehrsmitteln ist zwar gegeben, aber zeitraubend. Mit dem Camper selbst in die Stadt zu fahren ist schwierig, da die Parkmöglichkeiten für Camper nicht gerade üppig sind.
Wir haben das Problem so gelöst: Am Nachmittag kamen wir in Brisbane an, besuchten das Lone Pine Sanctuary und den Mt. Coot-tha Lookout. Am Abend fuhren wir in die Innenstadt, suchten uns in der Nähe des alten Botanischen Gartens einen ruhigen Parkplatz und verbrachten dort die Nacht. Morgens fütterten wir die Parkuhr „maximalst", so daß uns zwei Stunden Zeit für einen ausreichenden Bummel durch die Innenstadt blieb.

---

vielen Picknickutensilien (regelmäßige Fährverbindung) in den Moreton National Park. Auf der 40 km langen Insel finden die Besucher Erholung und Entspannung an Stränden und Süßwasser-„holes", in Sümpfen, Mangroven- und Eukalyptuswäldern. Sogar „Berge" kann man besteigen, wenn man den Mt. Tempest als solchen akzeptiert. Eigentlich ist er nur eine Sanddüne, allerdings mit 278 Metern angeblich die höchste der Welt.

North Stradbroke Island, etwas weiter südlich gelegen, wird von den Brisbanern liebevoll „Straddie" genannt. Was gibt es zu entdecken? Natürlich: schöne Strände, herrlich blaue Seen, Wasserlagunen, Sanddünen und dichtes Buschland, ein paradiesischer Ort, den Freizeitlieblingsbeschäftigungen nachzugehen: fischen und surfen.

Es gibt Stimmen, die rühmen die Goldcoast als den schönsten Landstrich Australiens. Daran „muß einiges sein", weil dieser Küstenabschnitt in der Hauptsaison tatsächlich als „belebt" bezeichnet werden kann, ganz im Gegensatz zu den meisten anderen Stränden der Ostküste. Aber vielleicht sind es gar nicht Strand, Meer und Sonne,

Strände und Vergnügen – von Brisbane nach Sydney

die die Goldcoast so attraktiv erscheinen lassen, vielleicht sind es ganz einfach die vielen Touristenattraktionen, die so anziehend wirken. Wie auch immer, wer Touristenrummel liebt, ist hier am richtigen Ort: Die Goldcoast ist eine Mischung aus Cote d'Azur und Miami, französischem Strandleben und amerikanischer Vergnügungswelt. Wer den Touristenrummel nicht liebt, sollte höchstens einmal „hindurcheilen".

Über den Pacific Hwy. erreichen wir *Southport*, die erste „Perle" an der Goldcoast„kette". Wir bleiben auf dem Highway, der uns direkt nach *Surfers Paradise* bringt. Zunächst biegen wir nach Norden ab und fahren nach „The Spit". Ganz am Ende der Halbinsel, wurde bei Nerang Head ein Steg weit ins Meer hinausgebaut. Von ihm aus kann man nicht nur in der Ferne die sehr eindrucksvolle Hochhausskyline von *Surfers Paradise* bewundern, sondern auch die Freizeitler bei ihren Lieblingsbeschäftigungen beobachten: Auf dem Steg fischen sie, unter dem Steg surfen sie.

Die Hochhaussiedlung von *Surfers Paradise* besteht aus Hotelbauten und Ferienapartmentkomplexen. Investoren sind japanische Banken, die an den schönsten Plätzen Australiens in den Tourismus investieren. Kein Wunder, daß man unglaublich vielen japanischen Reisegruppen begegnet. Sie verbringen zwei Wochen Urlaub an der wellenumbrandeten Küste. Daß sie auch unterhalten werden wollen, haben australische und japanische Investoren erkannt und eine Vielzahl von Freizeitparks aus dem Boden gestampft. Alle tragen irgendein Superlativ in ihrer Beschreibung: Sea World ist Australiens größter Marine Park; Cascade Park and Gardens wirbt mit künstlichen Wasserfällen; auf der Boomerang Farm kann man den gekonnten Bumerangwurf erlernen oder an einem Schafschererkurs teilnehmen; im Currumbin Bird Sanctuary oder in der Koala Town wartet die australische Tierwelt auf anfaßwütige Touristen; im Wet'n'Wild Waterpark wird man garantiert naß; Warner Brothers haben eine rießige Movie World aufgebaut, in der man spektakuläre Filmtricks erfährt und erlebt. In der Dreamworld kann man so richtig das Kind im japanischen Manne zum Erstrahlen bringen, ebenso wie in Gundy's Paradise Centre, wo Micky Mäuse und ähnliche Kreaturen in Reinkultur zu erleben sind. Das vielleicht perverseste Angebot bietet das Goldcoast War Museum, wo man nach Herzenslust Krieg spielen darf (let's play skirmish, the outdoor paintball shooting adventure game).

Wir geben Gas und bringen die Goldcoast so schnell wie möglich hinter uns. Kurz nach *Coolangatta* erreichen wir die Grenze zu *New South Wales*.

Die Holiday Coast (von *Tweed Heads* bis *Port Macquarie*) empfängt uns mit überraschender Normalität: kleine Buchten mit idyllischen Sandstränden, hügeliges bis bergiges Hinterland, eukalyptusbewachsen. Insbesondere das Hinterland beruhigt die angespannten „Vergnügungs"nerven.

Der Pacific Hwy. führt am Tweed River entlang ins Inland, windet sich bergauf ins Hügelland, verwöhnt den Reisenden mit schönen Ausblicken in das Küstenland.

Murwillumbah ist Zentrum des fruchtbaren Tales. Avocados, Ananas, Kiwis und viele andere Früchte wachsen im Überfluß. Hohe Berge erheben sich landeinwärts; dorthin führt die Straße, flußaufwärts dem Tweed River folgend, bis zum *Mt. Warning National Park*. Weiter Regenwald bedeckt das Land, den Berg bis hinauf zu seiner felsigen Spitze. Die Bäume sind moosbewachsen, kleine Wasserfälle stürzen über Felsen und gefallene Bäume. Das Hinterland bietet Touristen Erholung und gleichermaßen Erholung von den Touristen.

Der Pacific Hwy. wendet sich von *Murwillumbah* wieder zur Küste, verläuft aber doch ein ganzes Stück im Land. Erst beim Fischerort *Brunswick Heads* erreicht er wieder das Meer. Geschützt liegt die Fischfangflotte im Hafen.

Der Norden von New South Wales hat in den letzten Jahren viele Liebhaber gefunden. Da gibt es schöne Strände, an denen man fischen und surfen kann, daneben ländliches Leben und friedliche kleine Orte. Für *Byron Bay* gilt dies in besonderem Maße. Vor über 200 Jahren wurde das Kap von Captain James Cook entdeckt, der es nach Vizeadmiral John Byron benannte, dem Großvater des Dichterlords Byron. Die Küste ist ein Paradies der Surfer, aber nicht ungefährlich. Das Wrack der „Old Wolly", das westlich der Main Beach gestrandet und vom Strand aus klar zu erkennen ist, unterstreicht diese Aussage eindrücklich. In dieser Region besitzt der Fischfang einige Bedeutung, eine Ausnahme für Australien. Wer gerne und gut Fisch essen will, ist hier an der richtigen Stelle.

Eine enge Straße führt an der Küste entlang nach *Ballina*, wo wir wieder den Highway erreichen. *Ballina* hat einigen Ruhm mit seinem Big Prawn erlangt. Er ist 27 m lang oder 30 000 mal größer als eine lebende Krabbe. Der Big Prawn markiert als Werbesymbol einen Fischladen; wir haben Gelegenheit anzuhalten und günstig Fisch einzukaufen.

Bei *Broadwater* verlassen wir den Highway und durchqueren den *Broadwater National Park*. Er ist geprägt von niedrigem Buschland, Sümpfen und Feuchtvegetation; Orchideen und Sumpflilien wachsen wild. Bemerkenswert sind die bis 30 Meter hohen Dünen, die vor über 60 000 Jahren zwischen den Eiszeiten entstanden sind. Wir kommen nach *Evans Head*, einem kleinen ruhigen Ort. Auch hier wird Fischfang betrieben; im geschützten Hafen liegt eine kleine Fischereiflotte. Vom Lookout jenseits des Flusses haben wir einen schönen Blick auf den Ort und die weiten Strände.

Der Pacific Hwy. kreuzt bei *Harwood* und *Maclean* das weitläufige Mündungsdelta des Clarence River. Auf Hausbooten kann der Clarence River befahren werden.

Dem Clarence River folgt der Pacific Hwy. bis *Grafton*. Von dort führt der Gwydr Hwy. zum *Gibraltar Range National Park* und dem benachbarten *Washpool National Park*. Die Fahrt dorthin ist ein lohnenswerter Abstecher: Bergwelt und Regenwald, Wasserfälle und Fluß „pools", Wanderwege die durch unberührte Natur führen.

Grafton selbst nennt sich Jacaranda City. Die Bäume entlang der Straßen spenden wohltuenden Schatten, im November tauchen sie den Ort in ein farbenprächtiges Blumenmeer. Den Mittelpunkt des Ortes bilden die hundert Jahre alte backsteinrote Christ Church und das Post Office Hotel, das bereits 1860 erbaut wurde.

Der Pacific Hwy. führt durch fruchtbares Gebiet zur Küste; wir zweigen kurz vor der Küste nach *Red Rock* ab, wo der *Yuraygir National Park* beginnt. Sanddünen schirmen das Meer von einem Seenverbund ab. Besonders beliebt ist der Mystery Pool. Niemand weiß, woher der Süßwassersee gespeist

roße Leidenschaft r Australier ist r Surfsport.

wird, niemand weiß auch, wie tief er ist. Nur ein paar Meter vom Meer entfernt, ist er ein beliebtes „swimming hole" und Picknickplatz.

Woolgoolga gilt als die indischste Stadt Australiens. Die hier ansässige Sikh-Gemeinschaft umfaßt einige Hundert Mitglieder. Ihre Vorfahren kamen einst aus dem Punjab in Nordindien und arbeiteten als Zuckerrohrschneider. Durch Fleiß kamen sie zu Wohlstand; viele von ihnen besitzen heute Bananenfarmen. 1970 wurde der Guru Nanak Tempel eröffnet, der an Wochenenden auch besichtigt werden kann. Indische Stilelemente finden wir in den Läden des Städtchens, und natürlich können wir viele indische Lebensmittel und Souvenirs erstehen.

An der Straße nach *Coffs Harbour* reihen sich weite Strände, die jedoch meistens von der Straße nicht einsehbar sind. Da muß man schon den kurzen Stichstraßen bis zum Meer folgen. *Coffs Harbour*, eigentlich einstmals zwei Orte, einer am Highway gelegen, der andere am Hafen, wuchsen im Laufe der Zeit zu *Coffs Harbour* zusammen und bilden heute das Zentrum der australischen Bananenplantagen. Wen wundert da die höchst überflüssige Attraktion „Big Banana"? Langsam schlängelt sich eine Bahn im futuristischen Look durch eine Bananenplantage. So nebenbei wird man eingeführt in die Aborigineskultur und in den Stand der Weltraumforschung (Welch eine Kombination!).

Bei *Coffs Harbour* beginnt die Hibiscusküste, schöne, farbenprächtige Vegetation ist garantiert. Landschaftliche Kostbarkeiten finden wir aber nicht nur

Timbertown, die alte Holzstadt

an der Küste, sondern auch im angrenzenden Hinterland. Viele Farmer haben ihre Höfe für das Publikum geöffnet und klären die Touristen über ihren Anbau auf: eine Wormfarm ist darunter und eine Blueberry Farm. Auch das weitere Hinterland ist sehenswert. Dem Bellingen River folgend kann man die schönen Nationalparks *Dorrigo* und *New England* besuchen.

Kempsey, die nächstgrößere Stadt liegt am Macleay River. Früher mündete der Fluß bei *Stuarts Point* ins Meer, wo sich bald eine Schiffsbauindustrie etabliert hatte. An einem Tag im Jahre 1893 raste eine Flutwelle auf den Ort zu, zerstörte ihn und versperrte die Flußmündung, so daß der Fluß sich einen neuen Ausgang schaffen mußte. Heute mündet er 20 km weiter südlich bei *South West Rocks* ins Meer. Die industrielle Entwicklung von Stuarts Point war damit unterbrochen, vielleicht ganz gut so, heute hat es sich zu einem netten Ferienort entwickelt. In den Lagunen, Überresten des ehemaligen Flußverlaufes, fühlen sich die Wassersportler recht wohl. *Kempsey* selbst verdankt seine Gründung einem Kaufmann aus Sydney namens Enoch Rudder, der am breit und träge dahin fließenden Macleay River 1836 einen Fährbetrieb einrichtete. Bald ließen sich andere Siedler nieder, und da sich das Land als äußerst fruchtbar erwies, entstanden so unterschiedliche Betriebe wie Bananenplantagen und Höfe der Weide- und Milchwirtschaft. Der Ort, an dem einst das Wohnhaus des Pioniers Rudder gestanden hat, ist heute als Lookout ausgeschildert. Man hat einen schönen Blick über die Stadt und den Fluß.

Der Hastings River besitzt ein breites Mündungsdelta, an dem der beliebte Ferienort *Port Macquarie* liegt. Kein Wunder, er verfügt über sichere Strände und über ein seenreiches Hinterland mit vielen Sport- und Vergnügungsmöglichkeiten. Im Ort stehen außerdem noch durchaus sehenswerte historische Bauten aus den Gründerjahren: 1821 wurde Port Macquarie von Gefangenen gegründet, die erste Kirche 1828 (Georgian Church of St. Thomas the Apostle) errichtet. Eindrucksvoller kann man die Vergangenheit in dem landeinwärts gelegenen *Timbertown* (bei *Wauchope*) erleben, einem kleinen (nachgebauten) Ort aus der Pionierzeit mit einem großen Sägewerk.

Da es uns zur Küste zieht, folgen wir ab *Port Macquarie* der Küstenstraße nach *Lake Cathie* und *Laurieton*. Der Küste kann man ab hier nur noch mit einem geländegängigen Wagen folgen; wir kehren zum Highway zurück und fahren nach *Taree*, einem Ort mit 15 000 Einwohnern, den 1831 ein gewisser William Wynter gründete. Fischfang, Landwirtschaft und Fremdenverkehr sind heute die Erwerbsquellen des Ortes.

Kurze Zeit später verlassen wir den Highway, der im Landesinneren verläuft, noch einmal und wählen den Lakes Way nach *Forster*. Die kurvenreiche und enge Straße führt zwischen Meer und Seenlandschaft dahin, landschaftlich schön, aber auch richtig anstrengend. Wir befinden uns in der Nähe des *Myall Lakes National Parks*. Eine 11 km lange Straße führt nach *Seal Rocks* und damit mitten hinein in den Nationalpark. Die Landschaftsbilder sind stets die gleichen und nunmehr durchaus gewohnt: die Küste mit den Stränden und dem häufig wildbewegten Meer, dahinter die von den Flüssen gebildeten Lagunen und Seen, wo sich die Wassersportler treffen.

Sonnenuntergang bei Lake Cathie

The Three Sisters ist das meist fotografierte Motiv der Blue Mountains.

An der dichten Besiedlung erkennt man untrüglich, daß man sich *Sydney* nähert. Spätestens in *Newcastle* gehört die Einsamkeit Australiens der Vergangenheit an. Das Seengebiet *Lake Macquarie* gehört bereits zum Naherholungsgebiet von Sydney. Das gleiche gilt auch für den *Brisbane Water National Park* und den *Ku-ring-gai Chase National Park*, die im Mündungstrichter des Hawkesbury River liegen.

Wir befinden uns im Siedlungsgroßraum von *Sydney*, als wir den Freeway erreichen, der gut ausgebaut, in Felsen eingeschnitten, eine Bauleistung ohnesgleichen, durch dichte Eukalyptuswälder in die Millionenstadt *Sydney* führt. Sydney ist nicht einfach eine Stadt, Sydney ist eine Stadtfläche mit einem Durchmesser von 40 Kilometern. Noch haben wir nicht vor, uns der Stadt zu widmen. Wir tangieren sie daher auch

nur, wenn wir die Zufahrt zum Great Western Hwy. suchen, der den Verkehr von Sydney in westliche Richtung aufnimmt.

Gut hundert Kilometer westlich von Sydney liegt der *Blue Mountains National Park*, geprägt durch Hunderte von Metern schroff abfallender Sandsteinklippen, rauschende Wasserfälle, kilometerlange, monumentale Schluchten, zahllose faszinierende Aussichtspunkte. Der Name des Parks kommt von dem bei klarem Wetter häufig zu beobachtenden charakteristischen „blauen Dunst", der sich durch Verdunstung und Konzentration ätherischer Eukalyptusöle an windstillen Tagen bildet. Der Park ist ein beliebtes Ausflugsziel der Sydneysider und daher auch touristisch weitgehend erschlossen. Panoramastraßen und Wanderwege durchziehen den Naturschutz-

park. Touristischer Mittelpunkt ist *Katoomba*, wo Attraktionen wie die Scenic Railway oder der Scenic Skyway für den Besucher bereitstehen. Ein Muß ist auf jeden Fall die Fahrt auf dem Cliff Drive, den man aber getrost mit dem eigenen Camper wahrnehmen kann. Bei Katoomba kommen wir zum Aussichtspunkt mit Blick auf die Three Sisters, in der Nähe des Echo Point. Hier gelingt sicherlich die Abbildung des beliebtesten Fotomotivs in den Blue Mountains. Der „Drive" führt durch Eukalyptuswälder, bietet ab und zu den Blick auf steil abfallende Sandsteinklippen. Wir halten an Wasserfällen und klettern durch ein Felsenlabyrinth. Wir „machen" den *Blue Mountains National Park* in einem halben Tag. Andere Menschen verbringen ihren ganzen Urlaub in dieser Region. Da uns aber die Zeit davonläuft, brechen wir bereits in der Mittagszeit wieder auf und fahren nach Sydney.

Gesamt: 1295 km, drei Tagesetappen
31. Tag: Brisbane bis Evans Head: 286 km
32. Tag: Evans Head bis Lake Cathie (Port Macquarie): 370 km
33. Tag: Lake Cathie bis Katoomba (Blue Mountains): 524 km
34. Tag: Katoomba bis Sydney: 115 km
(ohne Abstecher)

31. Tag:
Highlights:
● *Goldcoast: Surfers Paradise und The Spit*
● *Murwillumbah und Mt. Warning National Park*
● *Evans Head und Broadwater National Park*
Camping, Evans Head:
Silver Sands Caravan Park and Camping Reserve, Evans Head, Tel.: 066/824212
Der Campingplatz liegt unmittelbar am Strand.
32. Tag:
Highlights:
● *Maclean und das Clarence River Delta*
● *Grafton*
● *Red Rock und Yuraygir National Park*
● *Wauchope, Timbertown*
● *Port Macquarie und das Hastings River Delta*
Camping, Lake Cathie:
Lake Cathie Caravan Park, Kywong Street, Lake Cathie, Tel.: 065/855336
Der Campingplatz liegt an der Beach, durch die letzte Düne getrennt, windgeschützt. Muschelsammler haben an dieser Küste große Chancen. Der „caretaker" wohnt

eine Straße weiter, ein bißchen Unternehmungslust gehört also dazu. Ansonsten ist alles so sauber und blitzblank, wie man das eben in Australien gewöhnt ist.
33. Tag:
Highlights:
● *Myall Lakes National Park*
● *Blue Mountains National Park (The Three Sisters, Echo Point, Withinga Falls)*
Camping, Katoomba:
Der zentralste Campingplatz ist zweifelsohne:
Katoomba Falls Caravan Park, Falls Road, Katoomba, Tel.: 082/1835
Man hat den wichtigsten und sehenswertesten Anblick der Blue Mountains direkt vor der Campertüre.
Im Winter kann es allerdings empfindlich kalt werden, schließlich liegt Katoomba fast 1000 m hoch.
34. Tag:
Camping, Sydney:
Der stadtnäheste Campingplatz ist der Meriton Tourist Park. Von den Blue Mountains (Great Western Hwy.) gut zu erreichen.
Meriton Tourist Park, Corner Lane Cove und Fontenoy Road, North Ryde, Tel.: 02/8781933
Der Campingplatz liegt circa 17 km außerhalb der City. Vor der Haustüre hält ein öffentlicher Bus (Nr. 550) der zum Bahnhof nach Chatswood führt. Von dort geht die Cityrail in die Innenstadt. Im Camping Office erkundigt man sich nach den jeweiligen Abfahrtszeiten. Ohne längere Wartezeiten ist man in einer Dreiviertelstunde in der Innenstadt.

In Sydney findet man alles, was man in anderen Städten des fünften Kontinents vielleicht vermißt: Büroarchitektur, High Tech, Rush Hour, Anzugmenschen, Weltstadt-Flair, Firmenimperien … Sydney ist schön, in purer, praller, ausladender Form. Sydney prahlt mit dieser Schönheit so unbescheiden, daß es einem den Atem nimmt.

Sydney, die aufregende Stadt

So mag es vielleicht auch schon Captain Phillip empfunden haben, der achtzehn Jahre nach Cook mit einer Flotte „voller" Siedlungssträflinge (1788) in der Botany Bay südlich des heutigen Sydney landete. Er fand diese Bucht für sein Siedlungsvorhaben nicht eben gut geeignet und wählte die etwas weiter nördlich gelegene Bucht Port Jackson als neue Heimat; er empfand sie als „finest harbour in the world". Am 26. Januar traf die Flotte ein, die männlichen Gefangenen wurden „entladen"; man hißte feierlich die Flagge. Eine Woche später durften auch die weiblichen Gefangenen das Schiff verlassen und es fand statt, was die Australier heute „The Inaugural Orgy of New South Wales" nennen. Wie auch immer, es war ein Volltreffer, der unaufhaltsame Aufstieg Sydneys begann. 1842 wurde Sydney mit allen Ehren zur Stadt erhoben, damals lebten bereits über 30 000 Menschen innerhalb der Stadtgrenzen. Schuld am sprunghaften Wachstum in den folgenden 25 Jahren war allerdings der im Land wütende „goldrush". Erst im 20. Jahrhundert entwickelte sich Sydney zum führenden Wirtschaftszentrum des Landes. Wer sich übrigens für die Geschichte von Sydney interessiert, kann in den Rocks eine Stunde lang Geschichte hören und erleben. Die Geschichtsshow (The Story of Sydney) läuft sieben Tage in der Woche; die Geschichte kennt keine Pause.

Über 200 Jahre sind vergangen, seitdem am 26. Januar 1788 Captain Phillip an dieser Stelle des Kontinents die englische Flagge gehißt und ihr den Namen des englischen Innenministers Lord Sydney verliehen hat. Zum Bicentenary, der 200-Jahr-Feier, wollte sich Sydney herausputzen. Seither hat der Bauboom nicht mehr nachgelassen. Sydney ist auf dem besten Wege, sich als Weltstadt zu profilieren.

Es drängt uns aufs Wasser, denn vom Wasser soll man Sydney am besten erleben können. Am Circular Quay besteigen wir das Boot zur Hafenrundfahrt und genießen bei strahlendem Sonnenschein das überwältigende Panorama der City. Da konzentrieren sich unsere Blicke auf die schneeweiße Oper, das Wahrzeichen der Stadt. Haben wir sie nicht bereits hundert Mal auf Abbildungen gesehen? Nun liegt der Bau zum Greifen nahe. Wie ein bizarres Segelschiff, so könnte man vergleichen oder wie eine Riesenmuschel. Dann erinnern wir uns an die Aussage des Architekten Joern Utzon, der 1957 das Preisausschreiben für das beste Opernhausdesign gewann, er habe nur an das Schälen einer Orange gedacht. Hinter der Oper liegen das Government House und der botanische Garten, wahrlich einer der schönsten Plätze dieser Erde.

Draußen, mitten im Port Jackson, liegt Fort Denison, eine alte Gefängnisinsel, die man heute besichtigen kann. Vom Schiff aus werfen wir einen Blick auf die schönsten Wohnlagen Sydneys, Garden Island zum Beispiel, hochherrschaftliche Häuser grenzen direkt an die Bucht. Auch North Sydney hat schöne Häuser und gilt als kostbare Wohngegend. Eine richtig geschäftige (ursprüngliche) Hafenatmosphäre stellen wir nicht mehr fest, es wird wenig be- oder entladen. Die alten Kais und Lagerhallen hat man längst abgerissen oder umgewandelt in nostalgische oder supermoderne Einkaufszentren oder Restaurants. Im Pier One zum Beispiel kann man nicht nur fein speisen, sondern auch die besten und billigsten Bücher über Australien und Sydney kaufen. Insbesondere Darling Harbour hat sich zur 200-Jahr-Feier ganz besonders herausgeputzt: Ein Glaspalast ist Einkaufs- und Eßparadies „The best shopping site of Australia", dahinter ein supermodernes Convention Centre. Auf der anderen Seite des Hafenbeckens liegt der chinesische Garten, wie könnte es sein, ein kleines Präsent anläßlich der 200-Jahr-Feier. In einem alten pumphouse befindet sich eine kleine Kneipe mit eigener Minibrauerei, sozusagen vom Sudkessel direkt ins Glas. Eines der Welt größten Aquarien wird dem Besucher angepriesen. Und wer sich für Geschichte interessiert, kann wählen zwischen dem Energiemuseum im alten powerhouse oder dem Marinemuseum, das mit einigen alten Schiffen aufwartet. Es wurde viel renoviert, liebevoll angelegt und es hat sich gelohnt: Sydney ist eine schöne Stadt.

Wer übrigens nicht gerade mit einer Touristentour durch den Hafen schip-

Darling Harbour

138

pern will, nimmt einfach die Fähre, die nach Manly führt. Genau 35 Minuten braucht die Schnellfähre für die 12 Kilometer durch den gesamten Hafen bis zur Pazifikküste, wo Manly liegt. Die Badehose sollte man dann allerdings nicht vergessen, wenn man dem Werbeschild über der Kasse Glauben schenkt: „Manly: seven miles from the City and one hundred miles from care." Zum Hafengebiet gehören auch die Rocks, die Gegend zwischen Circular Quay und Sydney Harbour Bridge. Das waren einst Lagerhäuser, heruntergekommene Kneipen, billige Pensionen, hier grölten Seeleute im Rumrausch durch die Straßen. Und heute? Es wurde mit Bedacht renoviert und saniert. Wohnungen sind entstanden, kleine Hotels verblieben, Restaurants und viele Läden öffneten neu. Lebensqualität blieb erhalten, gleichzeitig wurde dem Tourismus ein historisches Gebiet erschlossen. Es trifft zu, daß dies in Sydney kein Widerspruch sein muß.

Atemberaubend sieht die Metropole auch von oben aus, vom Sydney Tower, der mitten in der Innenstadt aus dem Centrepoint-Shopping Complex über 300 Meter hinausragt, und der den besten Rundumblick über Sydney gewährleistet. Wir wählten den späten Nachmittag für einen Besuch und blieben bis zum Sonnenuntergang. Malerisch und mit großer Brillanz wird am Himmel dieses Schauspiel zelebriert. Unten in der City herrscht Leben, elegantes Leben, wie man es in Australien

Die Skyline von Sydney, vom Hafen aus gesehen

sonst häufig vermißt. Die Restaurants bieten ausgesuchte Speisen, die Boutiquen zeigen topmoderne Ware, die Friseure bieten den absolut letzten Schnitt. Ein ganz besonderes Einkaufserlebnis ist der Bummel durch die Strand Arcade oder durch das Queen Victoria Building in der George Street. Lange mehrstöckige Ladengalerien, von außen im altehrwürdigen victorianischen Stil, präsentieren keine verstaubten Ladenhüter, sondern modernstes Sortiment.

Sydney ist eine schöne Stadt. Deshalb leben heute über drei Millionen hier, immerhin über 20 Prozent aller Australier. Und jeder Sydneysider hat sich seinen Traum vom eigenen Haus mit eigenem Garten erfüllt. Man lebt in den „House and Garden Suburbs" durchaus gemütlich. Damit ist Sydney eine flächenmäßig große Stadt mit verstopften Straßen und Parkplatzsorgen geworden. Aber die öffentlichen Nahverkehrsmittel sind gut organisiert. Die Sydneysider lassen ihr Auto in der Garage stehen und fahren mit Bus, Bahn oder Metro. Daß sie auch damit morgens und abends jeweils über eineinhalb Stunden Fahrzeit ins Büro benötigen, stört sie nicht, schließlich wissen sie, daß sie in einer der schönsten Städte der Welt leben.

Nach einer langen erlebnisreichen Fahrt nehmen wir Abschied von Australien. Wichtig ist, rechtzeitig einen Fensterplatz (rechts) im Flugzeug zu reservieren, denn der Blick auf das malerische Sydney ist ein würdiges Abschiedsgeschenk.

35. und 36. Tag:
Highlights:

● Hafenrundfahrt: Sydney Ferries Harbour Cruises, Harbour Highlights Cruise, Captain Cook Cruises (vormittags und nachmittags)

● Auf eigene Faust mit den Sydney Ferries, quer durch das Hafenbecken

● Sydney Explorer: 22 Stops im gesamten Stadtgebiet. Eigentlich gibt es einen Fahrplan, alle 17 bis 20 Minuten soll ein Bus die Haltestellen anfahren, aber der Verkehr erlaubt wohl die Einhaltung eines Fahrplanes nicht.
Man verbringt einige Zeit mit Warten, doch kann man mit diesem Bussystem Sydney am besten kennenlernen. Wichtige Stops:

●● Sydney Cove, Circular Quay, alte Kaianlagen und Abfahrt der Fähren

●● Sydney Opera House

●● Royal Botanical Garden

●● Parliament House

●● Kings Cross, Nachtleben

●● Macleay Street, Fitzroy Gardens

●● Elizabeth Bay House, Kolonialhäuser

●● Potts Point, Künstlerviertel

●● Chinatown und Powerhouse Museum

●● Darling Harbour mit Convention Centres, Maritime Museum, Chinese Gardens, Sydney Aquarium, Exhibition Centre

●● Queen Victoria Buildung und Sydney Tower, Strand Arcade, Pit Street Mall, Town Hall und St. Andrew's Cathedral

●● Wynyard Park und General Post Office

●● The Historic Rocks

●● Pier One

Für drei Tage empfiehlt sich der Sydney Pass. Er gilt für Airport Express Bus, Sydney Explorer Bus, Morning Harbour History Cruise, Afternoon Harbour Sights Cruise, Evening Harbour Lights Cruise, die Nutzung aller Fähren und aller Busse im Großraum Sydney – wenn das kein Angebot ist.

Vor Antritt der Reise kann man sich bei der Australian Tourist Commission alle notwendigen Informationen über Land und Leute besorgen (siehe unter Adressen).

Reisepaß und Visum

Selbstverständlich ist für die Einreise nach Australien ein gültiger Reisepaß

Reise-Informationen

erforderlich, der zudem noch drei Monate über die geplante Reise nach Australien hinaus Gültigkeit haben sollte. Doch damit nicht genug: Außerdem ist ein Visum erforderlich. Die Australier wollen ganz genau wissen, wer ihr schönes Land besuchen will. Für kürzere Aufenthalte (sowohl für Touristen wie auch für Geschäftsleute) ist ein Besuchsvisum problemlos erhältlich, schließlich bringen Reisende auch Geld mit ins Land. Will man sich in Australien ansiedeln, sind die Aussis nicht mehr so behilflich. Da muß der Antragsteller schon einen Mangelberuf ausüben, eine reichlich gefüllte Brieftasche mitbringen oder zumindest einen Einheimischen ehelichen. Bleiben wir bei den Touristen. Die Antragsformulare erhält man bei der Botschaft oder den Konsulaten. Sie sind auszufüllen und zusammen mit dem Reisepaß wieder einzuschicken. Die Bearbeitung nimmt in der Regel nur einige Tage in Anspruch; aber man sollte mit der Beantragung nicht gerade bis zum letzten Augenblick warten.

Einreiseformalitäten

Bei der Ankunft ist der Paß mit dem Visum und der ausgefüllten Passagierkarte für Einreisende (erhält man im Flugzeug) vorzulegen. Der Paßbeamte kann noch das Rückflugticket verlangen oder es sind ihm ausreichende Geldmittel für den Aufenthalt (Reiseschecks) nachzuweisen. Die Australier wollen auf jeden Fall sicher gehen, daß man ihr schönes Land auch wieder verläßt.

Impfungen

Wenn man aus Europa kommt, sind keine Impfungen erforderlich, ebenso müssen keine Gesundheitszeugnisse vorgelegt werden.
Wer dagegen aus Seuchengebieten einreist, muß einen Impfschutz gegen Cholera und Gelbfieber vorweisen.

Einfuhrbeschränkungen

In Australien herrscht eine fast paranoide, wenngleich durchaus berechtigte Sorge vor Seuchen. Daher ist die Einfuhr von frischen und verpackten Lebensmitteln, Früchten, Gemüsen, Saatgütern, Tieren und Pflanzen wie überhaupt von allen tierischen und pflanzlichen Produkten strengstens verboten. Artikel aus Holz, Nüsse, Blumensamen, Kindernahrung, Pelze, Häute und Lederartikel können eingeführt werden, müssen jedoch dem Quarantänebeamten unmittelbar nach der Landung gezeigt werden. Dies gilt ausdrücklich auch für selbst kleine Mengen heiligen Wassers.
Australien ist frei von vielen Insekten-

seuchen und Krankheiten. Daher werden die Innenräume aller Flugzeuge, die aus Übersee in Australien landen, bei der Landung besprüht. Man will sich damit vor fliegenden Insekten schützen, die möglicherweise das Bedürfnis haben, Australien zu bewohnen.

Auch Hunde und Katzen sowie andere Tiere unterliegen bei der Einfuhr strengen Quarantänebestimmungen, allerdings mit großen Unterschieden: Neuseeländische Katzen dürfen unbehelligt einreisen, englische Katzen unterliegen einer zweimonatigen Quarantäne, Katzen aus Hawaii werden vier Monate „aus dem Verkehr gezogen" und deutsche Katzen dürfen im Allgemeinen gar nicht eingeführt werden.

Bei so vielen strengen Bestimmungen übersieht man beinahe das absolute Einfuhrverbot für Drogen und Waffen.

Zoll

Besucher können alle persönlichen Gegenstände zollfrei in Australien einführen. Über 18jährige Personen können weiterhin im Handgepäck bis zu 200 Zigaretten oder 250 g Zigarren oder Tabak sowie einen Liter Alkoholika einführen.

Währung

Die australische Währung heißt Dollar und Cent. Im Geldverkehr ist man großzügig; es gibt bis zur Höchstgrenze von A$ 5000 keine Einfuhrbeschränkungen und die eingeführten Geldmengen dürfen auch wieder ausgeführt werden. Benötigt man im Land mehr Geld, wählt man Traveller Cheques, die keiner Begrenzung unterliegen.

Umtausch

Die meisten ausländischen Währungen können bereits im Flughafen umgetauscht werden. Die Banken in den Städten tauschen alle ausländische Währungen (Öffnungszeiten: Mo–Fr 9.30 bis 16.00 Uhr). In den internationalen Hotels werden die wichtigsten Währungen angenommen. Es ist auf jeden Fall günstig, Reiseschecks in A$ mitzunehmen. Ihre Einlösung ist bei allen Banken (auch bei kleineren Banken im Outback) problemlos möglich.

Kreditkarten

Es ist durchaus üblich, zumindest in den größeren Städten, mit Kreditkarten zu bezahlen. Fast alle Tankstellen akzeptieren internationale Kreditkarten, nicht dagegen Lebensmittelläden und Supermärkte. Die großen Supermarktketten akzeptieren nur lokale Kredit- und Kundenkarten.

Stromversorgung

Die elektrische Spannung in Australien beträgt 240/250 Volt Wechselstrom und 50 Hz. Für die australischen dreipoligen Steckdosen benötigt man einen Adapter.

Zeitzonen

Die Frage nach der Zeitdifferenz zwischen Deutschland und Australien läßt sich nicht so einfach beantworten, denn es gibt in Australien drei unterschiedliche Zeitzonen: Die Mehrzahl der Australier lebt gemäß der Eastern Stan-

dard Time (EST). Das bedeutet gegenüber Deutschland neun Stunden Vorsprung. Die Central Standard Time (CST) gilt in South Australia und im Northern Territory. Der Zeitvorsprung beträgt nur noch achteinhalb Stunden. Nach der Western Standard Time (WST) schließlich lebt man in Western Australia. Gegenüber Deutschland hat man einen Zeitvorsprung von sieben Stunden. Es wird noch komplizierter: Die meisten australischen Staaten (aber nicht alle) haben von Oktober bis März Sommerzeit. Die Uhren werden eine Stunde vorgestellt. Und schließlich ist auch noch die deutsche Sommerzeit zu berücksichtigen, die in den australischen Winter fällt. Je nach Ort und Zeit beträgt somit die Zeitdifferenz zu Deutschland zwischen +6 und +10 Stunden.

Öffnungszeiten

Die allgemeinen Bürozeiten sind Montag bis Freitag 9.00 bis 17.00 Uhr, die Ladenöffnungszeiten sind Montag bis Freitag 9.00 bis 17.30 und Samstag 9.00 bis 13.00 Uhr. Abendeinkäufe bis 21.00 Uhr sind in den meisten Städten an einem oder zwei Abenden möglich. Diese sind jedoch von Stadt zu Stadt unterschiedlich. Will man einen Abendbummel durch eine der australischen Städte unternehmen, sollte man den „shopping evening" wählen, an anderen Abenden werden die Bürgersteige frühzeitig „hochgeklappt" und die Innenstädte sind wie ausgestorben. Auch wichtig für das Sydney-Stadterlebnis: Am Donnerstag bleiben die Läden bis 22.00 Uhr geöffnet (ebenso Perth und Darwin; Freitag: Melbourne,

Wahrzeichen von Sydney: das Opernhaus

143

Highway-Schild, moralische Aufmunterung für den Autofahrer

durchgesetzt, daß jede Überstunde peinlichst genau honoriert wird, also ist man auf Trinkgelder nicht angewiesen. Höchstens „Wechselgeld" läßt man dem Kellner oder Taxifahrer zukommen. Diese Sitten ändern sich jedoch allmählich; schuld daran sind Touristen, die Trinkgelder förmlich aufdrängen.

Brisbane, Canberra und Hobart). Unterschiedliche Öffnungszeiten haben außerdem noch die Banken: Montag bis Donnerstag 9.30 bis 16.00 Uhr, freitags eine Stunde länger.

Telefonieren

Australien verfügt über ein modernes Selbstwähl-Telefonnetz. Von vielen Hotelzimmern kann man direkt ins Ausland wählen. Münzfernsprecher gibt es in roter, grüner, golder oder blauer Farbe. An roten Telefonen kann man nur Ortsgespräche führen (30 Cents). Von allen anderen ist es möglich, direkt ins Ausland zu telefonieren. Sie akzeptieren Münzen im Wert von 10, 20, 50 Cents und 1 Dollar. Am elegantesten telefoniert es sich ins Ausland per Telefonkarte. (Telefonkarten kann man in Schreibwarengeschäften im Wert von bis zu 20 $ kaufen.) Der jeweils „verbrauchte" Betrag wird auf dem Magnetstreifen der Karte abgebucht.

Trinkgelder

Trinkgelder sind im allgemeinen nicht üblich. Die Gewerkschaften haben

Souvenirs

Die Hitliste der Souvenirs teilen sich Plüschkoala und Bumerang. Da die Ausfuhr lebender Koalas verboten ist, sie auch in Deutschland aufgrund mangelnder Eukalyptuswälder nur schwer zu ernähren wären, stellt der Plüschkoala sicherlich eine gute Alternative dar. Ebenso gibt es Stoffkänguruhs für diejenigen, die ihren Kuschelzoo erweitern wollen.
Bumerangs werden in drei Varianten angeboten: zurückkehrende, nicht zurückkehrende und Zeremonienbumerangs. Da kaum ein Europäer einen Bumerang so zu werfen versteht, daß er auch tatsächlich zurückkehrt, sei empfohlen, einen Zeremonienbumerang zu kaufen. Er ist verziert, eingekerbt, bemalt und wird von den Aborigines bei Zermonien verwendet.
Handwerkliche Gegenstände der Aborigines gibt es natürlich vielfältigster Art. Es gibt so viele Aborigines-Schnitzereien, daß die Vermutung nahe liegt, nicht nur Aborigines üben sich im Schnitzen. Auch die traditionelle Malerei der Ureinwohner ist bereits „weiß" beeinflußt. So soll es ursprünglich in Aboriginesgemälden die Farbe weiß nie gegeben haben.
Ein bleibendes Souvenir könnten Kän-

guruhfelle sein. Ihre Einfuhr fällt nicht unter das Artenschutzgesetz. Ebenso beliebt sind Jacken und Pullover aus feinster Wolle der in Australien beheimateten Merinoschafe. Empfohlen werden auch entsprechende Fußwärmer „Ug boots", wobei „ug" für „ugly" steht.

Wer notwendig einen neuen Mantel benötigt, kann einen „oilskin raincoat" erstehen, wie ihn die Gebirgler aus den Snowy Mountains tragen. Dieser Mantel hält garantiert trocken, was auch der Spitzname verspricht: „Dryzabone" bedeutet so viel wie „dry as a bone".

In Australien sind T-Shirts das Kleidungsstück Nummer 1. So gibt es sie fast allerorten mit mehr oder weniger originellen Aufdrucken. Besonders vielfältig sind die Druckvarianten von „downunder" (Downundaland). T-Shirts lassen ahnen, wie ein Mensch nach einem Haifischangriff aussieht. Oder es wimmelt von Mosquitofliegen; für den, der ins sommerliche Outback fährt und sich der Mückenplage aussetzt, vielleicht nicht unbedingt das ideale Kleidungsstück.

Medizinisches

Man sollte eine gut sortierte Bordapotheke mitnehmen, denn Medikamente werden in Australien nur gegen ein vom Arzt verordnetes Rezept vergeben. Bei harmlosen Beschwerden ist ein Gang zum Arzt reichlich umständlich und teuer. Neben der gefüllten Reiseapotheke empfiehlt es sich auch, eine solide Auslandskrankenversicherung abzuschließen. Die medizinische Versorgung ist in ganz Australien weitgehend gesichert. Im Outback kümmert sich der Royal Flying Doctor Service um die

medizinische Betreuung von Einheimischen und Touristen.

Autofahren in Australien
Verkehrsregeln

Zunächst muß man sich damit abfinden, daß in Australien wie in vielen englischsprachigen Ländern Linksverkehr herrscht. An die generellen Geschwindigkeitsbeschränkungen von 60 km/Std. in geschlossenen Ortschaften und 110 km/Std. auf Landstraßen und Autobahnen kann man sich mit dem Camper im allgemeinen halten: Mehr als 80 km/Std. bringt er ohnehin nicht auf den Asphalt. Fahrer schnellerer Gefährte sollten vorsichtiger sein, in Australien lauern mittlerweile Polizisten mit Radarpistolen.

Es besteht Anschnallpflicht für Fahrer und Beifahrer. Die Verkehrsschilder sind ähnlich der in Deutschland gebräuchlichen Beschilderung. Einige

*Achtung:
schleudernde Steine*

145

unterschiedliche Verkehrsschilder sind leicht zu erfassen. Das beliebteste Schild ist das Warnschild vor Känguruhs. Nicht unterschätzen sollte man auch die Beschilderung „Steine treffen die Windschutzscheibe". Häufig wird auf straßenbedingte Geschwindigkeitsbeschränkungen hingewiesen. Daran sollte man sich halten, sie entsprechen der Fahrweise mit dem Camper. In den Städten kann man im allgemeinen an roten Ampeln links abbiegen: Turn left at any time with care.

Alkohol am Steuer steht unter Strafe, das sollte man auch im eigenen Interesse beherzigen.

Als Tourist kann man mit dem Führerschein des Heimatlandes 12 Monate lang Auto fahren, anschließend muß man sich einen australischen Führerschein besorgen. Nichts einfacher als das: Eine praktische Fahrprobe wird nicht verlangt, eine kurze schriftliche Prüfung genügt den Erfordernissen. Will man ein Fahrzeug anmieten, empfiehlt sich ein internationaler Führerschein. Der Mieter muß mindestens 21 Jahre alt sein.

Benzin wird verbleit und unverbleit angeboten; Diesel gibt es nicht an allen Tankstellen. Die Maßeinheit ist Liter. In den Ballungsräumen ist das Tankstellennetz recht dicht, in den ländlichen Gebieten ist man gut beraten, öfters zu tanken und nicht zu warten, bis Reserve aufleuchtet. Insbesondere im Outback sind die Tankstellen oft weit (im Einzelfall bis zu 300 km von einander entfernt). Hinweisschilder auf den Highways machen darauf aufmerksam.

Unfall: Bei einem Unfall müssen alle Beteiligten bis zur Klärung am Unfallort bleiben. Wurden Personen verletzt oder ist der Sachschaden erheblich, muß die Polizei eingeschaltet werden.

*Darling Harbour
bei Nacht*

146

Australische Botschaften:

Bonn, Bad Godesberger Allee 107, Tel.: 0228/81030
Wien, Mattiellistr. 2–4, Tel.: 0222/528580
Bern, Alpenstr. 29, Tel.: 031/430143

Adressen

Botschaften in Australien:

Embassy of the Federal Republic of Germany, 119 Empire Circuit, Yarralumia A.C.T. 2600, Tel.: 062/733177
Embassy of Austria, 107 Endeavour Street, Red Hill A.C.T. 2603, Tel.: 062/951533
Embassy of Switzerland, 7 Melbourne Avenue, Forrest A.C.T. 2603, Tel.: 062/733977

Informationen:

ATC-Informationsstelle, Neue Mainzer Str. 22, 6000 Frankfurt, Tel.: 069/27400620
ATC-Informationsstelle, Postfach 72, 1183 Wien, Tel.: 0222/475323
ATC-Informationsstelle, Eichstutz 11, 8634 Hombrechtikon, Tel.: 055/424004
Northern Territory Tourist Commission, Bockenheimer Landstr. 45, 6000 Frankfurt, Tel.: 069/720715
Queensland Tourist & Travel Corporation, Postfach 330743, 8000 München 33, Tel.: 089/2609693
Western Australia Tourism Commission, Moltkestr. 3, 5300 Bonn 2, Tel.: 0228/362701
Royal Automobile Club of Victoria (RACV), 550 Princes Highway, Noble Park Vic 3174, Tel.: 03/7902211

Royal Automobile Club of Western Australia (RACWA), 228 Adelaide Terrace, Perth WA 6000, Tel.: 09/4214444
New South Wales: National Roads and Motorists Association (NRMA), 151 Clarence Street, Sydney NSW 2000, Tel.: 02/2609222

Spezialveranstalter für Camperreisen:

Global Transport Touristik Service, Dieselstr. 27, 6367 Karben 1, Tel.: 06039/43011
Campertours Worldwide GmbH, Dr.-Hermann-Bähr-Str. 3, 4130 Moers 1, Tel.: 02841/16464

Spezialveranstalter für Australienreisen:

Australien-Reisen Lessenich, Burgmühlenweg 7, 4352 Herten-Westerholt, Tel.: 0209/357985
Interticket Nord GmbH, Exerzierplatz 24–28, 23 Kiel 1, Tel.: 0431/96669
Explorer GmbH, Hüttenstr. 17, 4000 Düsseldorf 1, Tel.: 0211/378055
ITZ-Reisen GmbH, Altheimer Eck 3, 8000 München 2, Tel.: 089/268016
Dr. Düdder Reisen GmbH, Korneliusmarkt 10, 51 Aachen, Tel.: 02408/2048
Tourland Reisen GmbH, Brönnerstr. 11, 6000 Frankfurt 1, Tel.: 069/280713
Pacific Travel House, Bayernstr. 59, 8000 München 2, Tel.: 089/5309293
Jetabout, Brentanostr. 17, 6000 Frankfurt, Tel.: 069/717384

sonstige Veranstalter:

Karawane Spezial Australien, Friedrichstr. 167, 7140 Ludwigsburg, Tel.: 07141/87430
ADAC-Reisen
CA Ferntouristik GmbH
airtours international
Inter Air Voss Reisen GmbH

Automobilclubs in Australien:

Royal Automobile Association of South Australia (RAA), 41 Hindmarsh Square, Adelaide SA 5000, Tel.: 08/2234555
Royal Automobile Club of Queensland (RACQ), 300 St. Pauls Terrace, Brisbane Qld. 4006, Tel.: 07/2532444
National Roads and Motorists Association (NRMA), 92 Northbourne Avenue, Braddon ATC 2601, Tel.: 062/438900
Automobile Association of the Northern Territory (AANT), 79 Smith Street, Darwin NT 0800, Tel.: 089/813837

Australien, Richtig reisen, Reise-Handbuch, DuMont (Johannes Schultz-Tesmar): Besonders Geschichte, Kultur, und das, was es in Australien an Kunst gibt, ist ausführlich und gründlich dargestellt.
Australien, BLV (Brigitte Fugger, Wolfgang Bittmann): Der Reiseführer klärt ausführlich über Fauna und Flora und über die vielen Nationalparks auf.
Australia, Little Hill Press (Chris Baker): Der aktuelle Reiseführer vor Ort ergänzt und gibt ausführliche Ratschläge.

Reisekosten

Die Kosten für diese Reise betrugen (1991):
Flugkosten (2 Erwachsene) 6000 DM
Camper 34 Tage 7000 DM
Besichtigungen 500 DM
Lebenshaltungskosten 2500 DM
Summe 16000 DM

Literatur

Australien, Goldstadt-Reiseführer (Norbert und Gabriele Lux): ein universeller, gut recherchierter Reiseführer
Australien, Reise Know-how (Edgar Hoff): ein aktueller Reiseführer mit vielen Details; manche Preisangaben sind jedoch überholt.

Sonnenuntergang in Port Macquarie

149

Register

Sydney: die Skyline bei Nacht

Die neue Buchreihe
für individuelle Reisefreiheit...

Träume von einem erlebnisreichen Urlaub? Ohne jeden Zwang, eine bestimmte Zeit einzuhalten? Im Winter durch verschneite Wälder in Kanada fahren oder den australischen Sommer im »Appartement auf Rädern« genießen – das Wohnmobil ist der ideale Partner und auf jede Witterung eingestellt!

Werner K. Lahmann
Mit dem Wohnmobil durch den amerik. Westen
ISBN 3-7956-0203-3, DM 39,80

Werner K. Lahmann
Mit dem Wohnmobil von Boston nach Florida
ISBN 3-7956-0210-6, DM 39,8

Mit dem Wohnmobil durch den amerikanischen Westen heißt der erste Band dieser neuen Buchreihe. Wer an Kalifornien denkt, denkt an Hollywood, an die Cable Car, an die Lombard Street in San Francisco und auch an den Grand Canyon, obwohl dieser in Arizona liegt, und an Las Vegas inmitten der Wüste von Nevada. Für viele Menschen ist der Westen der Vereinigten Staaten »ein kalifornischer Traum«, mit den Stränden des Pazifik, dem Hochgebirge der Sierra Nevada, den heißen Wüsten und herrlichen Nationalparks.

Der zweite Band dieser Buchreihe führt uns entlang der amerikanischen Ostküste von Boston nach Florida – und wieder alles mit dem Wohnmobil.
Die Landschaft *Neuenglands* wird uns verzaubern, und in *Pennsylvania* fühlen wir uns wie zu Hause. Wir erfahren viel von der Geschichte Amerikas, im Norden von den *Pilgrims* und im Süden vom Bürgerkrieg. Die Amerikaner zeigen ihre *Historic Districts* und sind stolz auf ihre Vergangenhei

Neben vielen Reiseinformatione Tips für das Anmieten von Wohmobilen und vielen anderen pratischen Hinweisen wird hier eindrucksvoll und aufregend ein Stück amerikanischer Geschicht lebendig.

.. die faszinierende Reihe für Entdecker und Genießer!

Mit dieser neuen Reihe möchten wir helfen, Urlaubsträume zu realisieren und die herrlichsten Länder im Wohnmobil zu erleben.

Das brillante Bildmaterial trägt darüber hinaus wesentlich dazu bei, daß diese Bücher zu einem Erlebnis werden.

Werner K. Lahmann
Mit dem Wohnmobil durch Neuseeland
ISBN 3-7956-0213-0, DM 39,80

Hans-Burkhard Garbe
Mit dem Wohnmobil durch den Westen Kanadas
ISBN 3-7956-0221-1, DM 39,80

Mit dem Wohnmobil durch Neuseeland heißt der dritte Band dieser neuen Buchreihe. Er führt uns in das Land am anderen Ende der Welt – in ein Land abseits von Hektik, ohne lärmüberfüllte Straßen, mit heiler Natur und besonnenen Menschen. Auf einer Fläche, die nicht größer ist als Großbritannien, finden wir die unterschiedlichsten Landschaften und Klimazonen. In Fjordland fühlen wir uns nach Norwegen versetzt, und die Überquerung der Südalpen erinnert uns an Vorarlberg. Kein anderes Land der Welt vereinigt auf so kleinem Gebiet derart vielfältige Landschaften.

Mit dem Wohnmobil durch den Westen Kanadas heißt der fünfte Band dieser neuartigen Reisebuchreihe. Er begleitet uns von Calgary aus auf dem berühmten Trans Canada Highway durch die Rocky Mountains nach Vancouver und Victoria. Auf einer anderen Route, die auch den spektakulären Icefield Parkway einschließt, geht es dann wieder zurück nach Calgary.
Im kanadischen Westen ist die Freiheit noch nicht ausverkauft! Man kann sie noch finden. Oft beginnt sie nur wenige Meter neben der Straße!
Jeder Band 144 bis 156 Seiten, Format 21 × 21 cm, laminierter, abwaschbarer Einband, zahlreiche Farb- und s/w-Fotos sowie eine farbige Skizze der Reiseroute.